Peter Schellenbaum

ja aus Liebe

Peter Schellenbaum

Hingabe, die Grenzen sprengt

ja aus Liebe

Im Gespräch mit Ingeborg Szöllösi

Kösel

Hinweis:

Den einzelnen Kapiteln dieses Buches sind Sätze aus anderen Werken Peter Schellenbaums vorangestellt. Die Abkürzungen bedeuten:

A =	Abschied von der Selbstzerstörung
N =	Das Nein in der Liebe
SP =	Die Spur des verborgenen Kindes
WDB =	Im Einverständnis mit dem Wunderbaren
WU =	Die Wunde der Ungeliebten

ISBN 3-466-36652-6

Druck und Bindung: Kösel, Kempten
Umschlaggestaltung: 2design, Martin Veicht, Regensburg
Umschlagmotiv: Getty images.Chad Baker

Gedruckt auf umweltfreundlich hergestelltem Werkdruckpapier (säurefrei und chlorfrei gebleicht)

Inhalt

Vorwort

Auf der Suche nach einer Antwort ...

Ich sehe ihn heute noch vor mir, wie er die Sätze ausspricht: »Ich bin eine Null, ich bin ein Nichts, nichts geht!«, und für eine Weile still wird, um dann sein Fallbeispiel zu Ende zu erzählen. – Es war im Frühjahr 2001 anlässlich der Basler Psychotherapietage zum Thema »Couch oder Kirche? Psychotherapie und Religion – zwei mögliche Wege auf der Suche nach Sinn«, als es Peter Schellenbaum gelang, uns spüren zu lassen, dass sich auch in der Psychotherapie Transzendenz ereignet.

Er erzählte von einer therapeutischen Situation, in der er plötzlich genau das empfand, was sein Patient fühlte und ausdrückte: »Ich bin eine Null, ich bin ein Nichts, nichts geht!« Nach einer langen therapeutischen Odyssee – er hatte es mit

Psychoanalyse, Verhaltenstherapie, Familienaufstellung, NLP versucht – stand jener Patient vor der Frage: Wer kann mir denn da noch helfen? Niemand und nichts – das ist sein Gefühl!

Ja, so ist es! Das war zu spüren. Und Peter Schellenbaum spürte es damals mit ihm und ließ ihn wissen, dass er keinen Rat wüsste: »Wir sind beide eine Null!« Stumm saßen sie nun da, eine ganze Weile. Sie taten – nichts! Sie sagten – nichts! Sie hielten dieses Nichts aus – zusammen! Der eine hoffnungslos, der andere ratlos – das Nichts verband sie in diesem Augenblick. Der Nullpunkt war ihre Resonanz! Und er wurde zur Stunde Null eines Neuanfangs – sowohl auf dem therapeutischen Weg als auch im Beziehungsleben dieses verzweifelten Mannes, der sich schon von der dritten Frau trennen wollte, weil sie kurz davor war, ihm ein Kind zu gebären.

Ich verstand nun endlich, was Peter Schellenbaum unter dem »Einswerden« verstand: Das war keine therapeutische Technik, an die man sich in düsteren Seelenverfassungen erinnert, um sie beflissen anzuwenden, oder eine billige mystische Floskel, die man von sich gibt, wenn man ein anstrengendes, konfliktreiches Gespräch im Ton versöhnlicher Alleinheit endlich beenden möchte, sondern das war gelebte Wirklichkeit – das augenblickhafte In-Resonanz-Gehen mit dem, was ist: Frust und Lust, Angst und Freude ...

Diese Fähigkeit, uns dem, was sich ereignet, hinzugeben, eins zu werden damit, tragen wir alle in uns – nur, wir wissen nichts mehr davon. Sogar das Bedürfnis, sie in uns zu kultivieren, ist erloschen. Warum wohl? Wieso fehlt es uns an Hingabe, wieso an verschwenderischen Lebensgesten? Wieso vermögen wir es nicht, unsere inneren Mauern zu sprengen? – Plötzlich waren so viele Fragen da! Nun ja, als Journalistin ist es mein Job, Fragen zu stellen. Ganz klar! Doch, da war auch noch etwas anderes, das mich bewog, auf Peter Schellenbaum zuzugehen. Es waren meine eigenen Fragen, die hochkamen: Wieso fällt es mir so schwer, Ja zu sagen – zu einem Menschen oder einer Situation? Wieso befinde ich mich immer wieder in Ahasvers Lage, dauernd unterwegs, nirgends beheimatet? Wieso muss ich immer weiter und weiter ziehen und kann nirgends bleiben? Wieso wende auch ich mich, wie die Hauptdarstellerin aus dem Film »Der menschliche Makel«, eher einem Raben zu, um ihn wissen zu lassen: »Du und ich, wir gehören zusammen!«, als einem Menschen?

Vor zwanzig Jahren schon beschäftigte Peter Schellenbaum das Thema »Hingabe, die Grenzen sprengt«: Mit seinem Buch »Das Nein in der Liebe« wollte er statt des »totalen Nein gegen die Liebe«, das eine zerrissene Welt entstehen lässt, das »integrierte Nein in der Liebe« als eine »Vision von einem Stück Einheit« erschließen – trotz Chaos und Unordnung in der Welt. Das Chaos und die Unordnung sind in der Welt nicht weniger geworden – im Großen wie im Kleinen. Das totale Nein ist mächtiger denn je, aber auch die Sehnsucht nach einem Ja, das dieses Nein sprengt. Und welches Ja kann Grenzen sprengen? Nur das Ja aus Liebe! – Peter Schellenbaum nimmt in diesem Buch den Dialog wieder auf: »Das Ja aus Liebe« lässt Gedanken, die vor 20 Jahren viele Menschen berührt und bewegt haben, aufleben und spinnt sie mit Bezug auf unsere gegenwärtige Situation fort, um durch ein deutlich vernehmbares Ja die heutige Lähmung zu sprengen. Was hindert uns denn daran, unseren Lebenslauf mit unserem Lebenselan zu einem Lebensfluss werden zu lassen? Was hindert uns daran, das Ja aus Liebe zum Leben zu feiern? – Auf der Suche nach einer Antwort traf ich Peter Schellenbaum im Herbst 2003 in Locarno.

Ingeborg Szöllösi

Liebe

»Ein Mensch, der liebt, verbreitet solchen Glanz, dass es abwegig wäre, seine Schönheit, die offen zutage tritt, aufgrund ästhetischer Kriterien infrage zu stellen.« (WU)

»Wenn ein Mensch von der Liebe erfasst wird, sind die Grenzen seines Ich relativiert, und er fühlt sich potenziell eins mit allem. In diesem mystischen Gefühl der Einheit wird die Selbsterfahrung bis an die Grenzen der Welt ausgeweitet – die Liebe eröffnet das Tor zur Welt.« (N)

»Liebe weiß das Wichtigste über das Wissen, nämlich, dass es nichts Festes erfasst. Für Liebende verschieben sich alle Perspektiven.« (WU)

Heute gibt es kaum noch jemanden, der ohne Beziehungsängste durchs Leben geht, was dazu geführt hat, dass das »Nein in der Liebe«, das Sie in Ihrem gleichnamigen Buch vor zwanzig Jahren behandelt haben, überhand genommen hat. Wie finden wir nun zu einem Ja zurück?

Im Buch das »Nein in der Liebe« ging es um das »Nein« *in* der Liebe – und das Buch wurde öfters verkehrt zitiert, und zwar so, als hätte ich ein »Nein« gegen die Liebe ausgesprochen. Offensichtlich fällt es vielen Menschen schwer, dieses natürlichste aller Paradoxe zu begreifen und zu erfühlen, dass nämlich Ja und Nein in der Liebe eine Einheit bilden. Und deswegen scheint es mir so wichtig in diesem Gespräch mit Ihnen deutlich zu machen, was das Ja bedeutet – das Ja aus Liebe. Selbstverständlich klingt das zunächst etwas widersprüchlich: Man könnte meinen, da sagt jemand »Ja« einfach, weil er einen anderen liebt – also passt er sich an, ordnet sich unter und tut aus Liebe etwas, das ihm eigentlich nicht entspricht und das er, wenn er sich selber im Gefühl hätte, auch nicht täte. Aber das Ja aus Liebe will darauf hinweisen, dass die Liebe es ist, die uns motivieren kann, wirklich »Ja« zu sagen. Und ich meine damit nicht nur das Ja zu einem bestimmten Menschen, sondern überhaupt: Ja zum eigenen Leben, Ja zu widerwärtigen Dingen oder schwierigen Lebenssituationen. Und zu dieser Grenzüberschreitung sind wir nur dann in der Lage, wenn uns so etwas wie Liebe bewegt. Es gibt in uns so viel Widerständiges, so viel Verqueres, so viel Schwieriges, Krankes und Gebrochenes, und wir leben ja auch in einer zerrissenen und gebrochenen Welt. Bloße Vernunftgründe könnten uns nicht dazu bewegen, Ja zu uns und zur Welt zu sagen: Dieses Ja ist gewissermaßen etwas Absurdes und dieses Absurde ist eben auch das Natürlichste, weil es Leben in Bewegung setzt. Das Leben ist des Lebens höchster Wert. Vieles scheint sinnlos, doch in dem, was wir aus Liebe tun, erfahren wir Sinn. Lieben ist der Sinn des Sinnlosen, um es wieder in einem Paradox auszudrücken.

Von Kindesbeinen an haben wir gelernt, uns abzugrenzen – wir haben uns immer schon ins eigene Zimmer zurückgezogen und genauso ziehen wir uns im Erwachsenenalter zurück, wenn uns eine Beziehung plötzlich zu anstrengend wird ...

In den letzten Jahrzehnten haben viele Menschen gut gelernt, Nein zu sagen – sie grenzen sich schnell ab und oft grenzen sie sich zu schnell ab. Dann merken sie an ihrem gedämpften Lebensgefühl, dass irgendetwas an diesem Zu-früh-sich-Abgrenzen, Zu-früh-Nein-Sagen, Zu-früh-nur-sich-selber-im-Sinn-Haben, dass da irgendetwas nicht stimmt – sie rationalisieren das dann sehr schnell: »Wir passen nicht zueinander. Jetzt muss ich auf mich selbst achten, meinen Weg gehen.« Es wird zu vordergründig ausgerufen: »Das ist jetzt halt so!« Und dahinter – das merke ich, wenn ich mit Menschen arbeite – verbirgt sich oft ein verstecktes, verdrängtes Leiden. Denn jeder Mensch trägt in sich die tiefe Sehnsucht, Grenzen zu überschreiten, Grenzen zu sprengen – dieses Ja, das etwas Grenzen-Sprengendes hat, zu leben. Und deswegen scheint es mir heute besonders wichtig, den gegenteiligen Akzent zu setzen und das Ja zu betonen.

Um das Ja leben zu können, muss man es vielleicht erst lernen?! Schließlich ziehen sich Menschen meist zurück, weil sie gar keine andere Alternative sehen.

Es ist wirklich auch eine Erziehungsarbeit – das Ja ist etwas zum Teil Lernbares. Natürlich gibt es in unserer Zeit des »anything goes«, einer Zeit der Beliebigkeit, Menschen die, wenn sie das hören, sofort mit arroganter Aggression darauf reagieren: »Was denn erziehen, wir nehmen doch die Dinge, wie sie sind!« Aber was heißt das, die Dinge nehmen, wie sie sind? Sollen wir denn unsere Tiefe außen vor lassen und nicht in unser Leben mit einbeziehen?

Es gibt in uns eine Tiefe – wir können sie Unbewusstes nennen oder auch spürende Wachheit, und diese Tiefe weiß mehr als das, was wir vordergründig so denken und empfinden. Deswegen ist Lernen nicht einfach nur eine verhaltenstherapeutische Maßnahme, sondern es bewegt sich auf der Spur des Lebendigen – auf der eigenen Lebensspur, auf der Spur von dem, was in uns zur Entwicklung vorhanden ist und sich auch deutlich zur Entwicklung bereit zeigt. Viele Menschen sagen, dass ist ja gar nicht authentisch und aufrichtig, wenn wir an etwas arbeiten. Sie berufen sich dabei auf eine vordergründige Ehrlichkeit und stellen ihre Tiefendimension zurück – und sind somit in einem tieferen Sinn unauthentisch und unaufrichtig. Deswegen ist es für mich gar nicht verkehrt, von einem Erziehungsprozess zu sprechen, um das Ja aus der Tiefe unserer selbst leben zu lassen. Und das ist nichts Neues: Es gab schon in der Antike richtige Schulen der Liebe und der Freundschaft. Kulturen der Liebe und Freundschaft hat es immer wieder gegeben. – Wir können uns nicht immer darauf verlassen, was wir in einer Beziehung gerade so als ersten Reflex empfinden. Wenn Menschen die Erfahrung machen, dass es ihnen gelungen ist, an einer Grenze so lange spürend zu bleiben, bis die Grenze sich aufgelöst hat, dann machen sie die Erfahrung eines großen Glücks, und es ist für sie wie ein Ankommen bei sich selber, in einem Neuland, das sie sich selbst erschlossen haben. Das aber ist das Resultat eines langen Prozesses, der sich lohnt – so zumindest erfahre ich das tagtäglich in meiner therapeutischen Arbeit und auch in meinen eigenen Beziehungen.

Wenn wir von »Schule« und »Erziehung« hören, dann klingen wohl die Zeiten der »schwarzen Pädagogik« in uns nach.

Heute ist aber die »schwarze Pädagogik«, von der Alice Miller sprach, seltener anzutreffen, sie ist also nicht mehr das große Problem. Das große Problem ist heute eher die Abwesenheit von Erziehung bzw. von Beziehung in der Kindheit. Es herrscht große Leere, was starke Bezugspersonen betrifft – die Kinder vermissen oft einen Vater, der sich als Mann erlebt und spürt. Und wohin der Mangel an Vorbildern führt, darüber gibt es genügend Untersuchungen: Wenn ein Junge einen schwachen, verächtlichen Vater hat, der doch das Leitbild seiner eigenen Entwicklung sein sollte, dann fühlt er sich beunruhigt, weil er den Eindruck hat: »Ich sehe in meinem Vater ein Spiegelbild meiner selbst, meiner eigenen Schwäche.« Und dies ist für ihn furchtbar, er wehrt es ab und wird aggressiv. Die Aggression vieler Jugendlicher gegen schwache oder behinderte Menschen hat hier ihren Ursprung. Also, das Problem ist heute eher die Abwesenheit von Pädagogik.

Inwiefern hätten wir eine »Schule« des Eros nötig? Ist uns eine gewisse Begabung zur Liebe nicht angeboren?

Jede Begabung bedarf der Entwicklung: Wenn z. B. jemand musikalisch ist, heißt es noch nicht, dass er ein hervorragender Pianist ist, sondern er wird es, und zwar durch das Zusammenspiel von Begabung und Übung – Disziplin und Askese, zwei Worte, die das gleiche meinen, das eine kommt aus dem Lateinischen, das andere aus dem Altgriechischen und beide bedeuten Übung. Zur Entwicklung einer Begabung bedarf es einer Schule – so auch für den Eros. Wie kann es uns gelingen etwas, das in der Anlage jedes Menschen gegeben ist, zu entwickeln? – Das ist eine große Aufgabe, und diese Aufgabe hat mich mein ganzes Leben hindurch begleitet, nicht nur seit ich mich mit Psychologie beschäftige.

Einer Schule des Eros können wir uns nur schrittweise nähern, die Antwort finden wir gewiss nicht im großen Rahmen eines universitären Unterrichts. Es geht darum, ein Erfahrungslernen zu erschließen und nicht darum, einen Lehrstuhl zu gründen.

Der erste Schritt ist das Spüren: Ein Mensch ist erst dann in der Lage, einen anderen zu lieben, wenn er selber ein spürender Mensch wird, wenn er sich körperlich-seelisch-geistig spürt – alles in einem nenne ich: leiblich, weil der »Leib« für mich alle drei Dimensionen enthält. Dieses leibliche Spüren ist nie isoliert in der einzelnen Persönlichkeit, sondern es ist gleichzeitig und in gleichem Akt auch ein Spüren des Gegenübers, der Umwelt und der Mitwelt.

Eine andere Voraussetzung ist die, dass wir uns die Zeit nehmen, den anderen wirklich wahrzunehmen. Was ich zum Beispiel in Paar-Arbeiten in einer Gruppe oft feststelle: Da sitzen sich zwei Partner gegenüber, und ich sage ihnen: »Schaut euch doch mal an und beschreibt euch! Was seht ihr?« Dann kommen Beschreibungen zustande, die manchmal so daneben sind, dass man sich nicht vorstellen kann, dass diese zwei Menschen seit dreißig Jahre zusammen leben. – »Ich sehe einen böse verkniffenen Mund«, sagt zum Beispiel der eine von beiden. Daran merken wir plötzlich, wie oft mit unseren Wahrnehmungen Wertungen verbunden sind. Und genau um Wertungen geht es nicht, wenn es darum geht, den anderen wirklich wahrzunehmen, sondern darum, ihn in einer freien, offenen, empfänglichen Weise wahrzunehmen. – Also, die Schule des Eros ist eine Schule des eigenen Spürens und deshalb zunächst eine des Wahrnehmens. Für viele klingt das vielleicht banal; sie meinen, was soll das denn bringen! Aber es ist unglaublich, was da geschieht, wenn es jemandem gelingt seinen Partner, mit dem er schon sehr lange zusammenlebt, sorgfältig wahrzunehmen und zu beschreiben – das hat dann etwas von der Frische einer ersten Begegnung, und plötzlich geht das Herz wieder auf, und man stellt fest: Wie lange habe ich den anderen nicht wirklich wahrgenommen – mit den Augen, mit den Ohren, seinen Geruch, seine Bewegungen?! Ein solches präzises Wahrnehmen hilft einem, die Wertungen beiseite zu lassen.

Nach dem Spüren und dem Wahrnehmen wäre dann der nächste Schritt in einer Schule des Eros der, in der Gegenwart des anderen über die eigenen Gefühle und Körperempfindungen zu sprechen: Was spüre und empfinde ich im Zusammenhang mit dir? Auch wenn Konflikte da sind, ist dies eine wesentliche Frage. Es besteht natürlich die Gefahr, dass wir in die bekannten Du-Botschaften abdriften: »Ich bin so traurig, weil du ein unsensibler Mensch bist!« – Wenn nun zwei Menschen wirklich ehrlich im je eigenen Gefühl sind und dieses beschreiben, merken sie vielleicht plötzlich, dass sie sich in einem bestimmten Gefühl einig sind – etwa in der Angst, Traurigkeit oder Verzweiflung und Ratlosigkeit. Sie merken: Da sind wir verbunden. Und das nenne ich dann Resonanz – gegenseitige Resonanz: Sie spüren ein gemeinsamen Mittelfeld, in dem sie sich verbunden fühlen. Das schafft eine tiefe Beglückung bei Paaren, selbst wenn die beiden beschließen, dass sie sich trennen müssen – aber auch dann ist diese Erfahrung eines gemeinsamen Mittelfeldes etwas sehr Wohltuendes, und viele Kränkungen fallen weg. Wenn Partner in einem Konflikt sind, findet oft eine Art stiller Aufteilung der Rollen und Aufgaben statt: Der eine sagt, ich will mich trennen, der andere, ich will mich nicht trennen. Wer sagt ich will mich trennen, merkt vielleicht gar nicht, dass auch in ihm etwas ist, das sich nicht trennen will. Und wer sagt, ich will mich nicht trennen, weiß vielleicht nicht, dass auch in ihm etwas ist, das sich trennen möchte. Wenn wir nun dieses Mittelfeld von Resonanz erreicht haben, können wir dies aufdecken, sodass die einseitige Verteilung von Opfer und Täter wegfällt. Eine wirksame Trennung kann nur in und aus Liebe geschehen – das ist auch ein Paradox.

Das sind lauter Schritte, die recht einfach zu sein scheinen, als könnte man dies Erfahrungslernen auch ohne Therapeut vollziehen.

Es legen sich viele Stolpersteine in den Weg, wenn Paare ihn ohne Therapeut begehen möchten. Ich glaube zwar schon, wenn jemand diese Schritte schon mal getan hat, sie auch kennt, dass er sie ein zweites Mal vielleicht ohne therapeutische Begleitung tun kann. Aber jeder dieser Schritte ist mit starken Ängsten und viel Abwehr verbunden. Zum Beispiel beim ersten Schritt, wo es ums Spürbewusstsein geht, ist es immer wieder so, dass sich Partner gerne in einen sicheren Beobachtungsabstand flüchten, und schon sind sie, ohne es zu merken, vom inneren, wachen Spüren abgekommen und wehren es ab. Es muss dann jemand da sein, der die beiden darauf aufmerksam macht: »Kehr zurück zu deinem Körper, in dein Fühlen!« – Spürbewusstsein geschieht von innen heraus und nicht von außen. Selbst wenn Menschen diesen Weg des inneren Spürens schon kennen und ihn gegangen sind, ist es trotzdem manchmal in Krisensituationen schwer, ihn alleine zu gehen. Wenn es dann um den zweiten Schritt, um das Wahrnehmen des anderen, geht, ist es ebenfalls nicht leicht: Meist vermischen sich Wahrnehmungen mit Wertungen, und da ist dann oft ein Dritter notwendig, der das heraushört und darauf aufmerksam macht, dass wieder statt wahrgenommen gewertet wird. Dieser Dritte ist nicht parteiisch. – Wenn der Therapeut mit einer Gruppe arbeitet, kann er auch andere Teilnehmer mit einbeziehen kann und fragen: »Was seht ihr denn?«

Das ist sehr entlastend – der Therapeut ist dann sehr viel weniger Objekt von Projektionen von Seiten des Paares, mit dem er arbeitet.

Wenn es dann im dritten Schritt darum geht zu sagen, was ich gerade im Zusammenhang mit dem anderen spüre, sind viele Paare versucht, indirekte Du-Botschaften zu formulieren. Auch da ist also ein Dritter vonnöten, der darauf aufmerksam macht.

Gemeinsame Resonanz kann wirklich nur dann erfolgen, wenn diese ersten drei Schritte geschehen sind. An solchen entscheidenden Wegkreuzungen des Lebens ist es seit jeher so, dass die Menschen die Unterstützung von Drittpersonen suchen. Das müssen nicht immer Therapeuten sein.

Ja, man hat früher die alten Weisen des Dorfes aufgesucht – so kam es, dass die alten Menschen einen ihnen gemäßen Platz in der Gemeinschaft hatten.

Deswegen fällt es wohl heute vielen Menschen so schwer, ein Ja aus Liebe zu sagen: Sie nutzen den Erfahrungsschatz der alten Menschen nicht mehr.

Sie sprachen vorhin vom »Ja zu widerwärtigen Dingen oder schwierigen Lebenssituationen«. Und im »Nein in der Liebe« heißt es: »Liebe ist der Sinn der Destruktivität. Oder anders formuliert: Destruktives Verhalten will die seelische Voraussetzung für die Liebe schaffen ... Im liebenden Ja erfüllt sich der Sinn des zerstörenden Nein.« Das klingt zwar wunderbar, wie aber lebt es sich mit dieser Dialektik der Lebensbewegung ganz konkret?

Ich meine damit nicht nur das Ja zum Leiden. Wenn ich vom Ja zum Leiden spreche, meine ich die Anerkennung dessen, was wirklich ist.

Eine Art Annahme?

Das Wort »annehmen« mag ich etwas weniger, weil es dann so scheint, als würde etwas von außen auf uns zukommen, das wir dann »an uns nehmen«. Wesentlich ist für mich das Wahr-nehmen von dem, was wirklich da ist – ohne mit Wertungen die Wirklichkeit zu spalten in: »Das ist gut und das ist schlecht, das ist richtig und das falsch!«. Wahrnehmen bedeutet: in dem sein, was ist – und das erfüllt viele Menschen mit Angst. Zum Beispiel habe ich neulich mit einer Frau gearbeitet, die Depressionen hatte. Sie sagte mir: »Wenn ich Sie richtig verstehe, muss ich meine Depressionen annehmen, aber ich will sie nicht annehmen.« Sie hatte meine Worte missverstanden – es ist im Übrigen auch sehr schwierig, solche Prozesse in Worte zu fassen. Wenn man sie dann allerdings durchmacht, versteht man sehr bald den Unterschied zwischen »annehmen« und »anerkennen«.

Es war für diese Frau zunächst wichtig, wach, spürend identisch zu sein mit dem, was sie gerade fühlte oder nicht fühlte – mit dem bohrenden Schmerz, mit den Schuldgefühlen, die sie empfand, mit der Antriebsarmut, die sie hatte, und sich nicht dafür zu verurteilen, vor allem nicht auf Distanz von all dem zu gehen, sondern einfach in einer gewissen Demut zu beschreiben, was sie fühlte – und dann anzuerkennen: »Das bin ich gerade jetzt, das bin ich jetzt!« Und wenn es jemand zustande bringt, sich nicht mehr in Rebellion gegen das zu wenden, was gerade ist, dann – das ist auch ein Paradox – werden die Wachstumskräfte in ihm geweckt. Diese Frau hatte große Angst, in Resignation zu verfallen – sie will sich doch nicht abfinden mit einem so üblen Zustand. Und das ist es eben nicht, wozu ich auffordere, wenn ich sage: Anerkenne das, was ist!

Es ist etwas Mystisches, wenn ich es schaffe, ganz im Augenblick zu sein. Ludwig Wittgenstein beschreibt das Mystische ganz in diesem Sinne: Nicht **wie** die Welt ist, sondern **dass** sie ist, ist das Mystische! Und genau das stimmt mit meinen therapeutischen Erfahrungen überein. Die Tatsache, dass etwas ist und dass ich nichts anderes bin als das, aktiviert in mir ein unerhörtes Maß an Lebensenergie, also auch meine Heilungs- und Empfindungskräfte. Das kann ich zwar erklären, aber man wird es nur in dem Maße begreifen, als man selbst bereits einige Schritte in diese Richtung getan hat – das ist halt die Grenze, die uns die Sprache setzt. Mit solchen Themen arbeite ich zwar ständig, aber ich halte ungern Vorträge darüber.

Wie kann aber der Sinn der Liebe sich in der Destruktivität erfüllen, wie sie in »Das Nein in der Liebe« behauptet haben?

Das ist eine ganz konkrete Geschichte, die in der Realität wurzelt, selbst wenn sie sich vielleicht philosophisch anhört, aber Philosophie sollte ja ihren Grund immer in der Wirklichkeit haben. – Man fragt sich manchmal, wie kommt es, dass Partner wegen einem totalen Unsinn so in Streit geraten, sich so fertig und kaputtmachen, sich so aufreiben. Und wenn jemand den Anlass hört, dann sagt er: »Das darf doch nicht wahr sein! Wegen solch einer Lappalie stellen diese beiden ihre ganze Beziehung infrage!« Ich bin oft, wenn ich solchen Geschichten nachgegangen bin, auf eine Ursache gestoßen, die man dabei gar nicht vermuten würde – es gibt gewiss noch andere Ursachen, aber eine ist sicherlich diese: Ein tiefer Instinkt, der in den beiden steckt, bringt zwei Menschen dazu, alles Gewohnte kaputtzumachen, und sie merken plötzlich: Wir müssen auf den Nullpunkt, auf den Grund kommen – den man vielleicht auch als Leere oder Nichts bezeichnen kann –, um zu merken, ob wirklich was Neues aufblühen kann. Das geschieht völlig unbewusst. Ich habe mit vielen Menschen, die so etwas durchgemacht haben, gearbeitet; in jeder lebendigen Paarbeziehung gibt es solche Erfahrungen. Ich bin dann im Nachhinein, wenn ich versucht habe, dieses Phänomen zu begreifen und mit dem Paar aufzuarbeiten, auf folgenden Zusammenhang gestoßen: Es war schön und bequem in ihrer Beziehung; sie hatten es gut, aber es wurde langweilig – etwas hat sich totgelaufen. Und sie haben beide gemerkt, dass tief unten noch viel Leben ist, das gelebt werden möchte. Beide wurden immer trauriger darüber, dass die Spannung, die am Anfang zwischen ihnen bestand, nach und nach nicht mehr da war, aber trotzdem noch so viel Leben in ihnen als Paar vorhanden ist. Wie kommen sie nur an dieses Leben heran?

Wenn wir diese Geschichte rein energetisch anschauen, wird klar: In einem heftigen Streit dieser Art wird ja ungeheuer viel Energie aktiviert. Allein schon die Tatsache, dass zwei Menschen nach einer langen Phase des friedlichen Zusammenseins in der Lage sind, im Streit so viel Energie gegenseitig in sich zu aktivieren, das ist schon mal eine erhebliche Leistung. Sie zeigt, dass noch viel gemeinsames Lebendiges da ist. Ein Streit ist ein großes Risiko für die beiden, aber sie nehmen ihn in Kauf, weil es der größere Wert ist, an den Punkt zu kommen, wo vielleicht etwas Neues aufblühen kann, als nichts zu riskieren. Klar kann es dann sein, dass sie sich so viele Verletzungen zufügen, dass der »point of no return« erreicht wird und die beiden sich in der Tat trennen müssen. Aber es ist ihre einzige Chance!

Also, der Streit ist ein gefährlicher Weg, genau weil er ein unbewusster Weg ist und unbewusste Wege sind immer ambivalent: Es geht darum – und auch das gehört zu einer Schule des Eros –, aus diesem unbewussten Weg einen »bewussteren« zu machen. Er kann nie ganz bewusst werden, es gibt immer Dinge, die unbewusst bleiben. Wenn zwei Menschen diesen Impetus spüren, sich wegen irgendetwas Banalem gegenseitig fertig zu machen, wird in ihnen Folgendes deutlich: Wir wollen beide wieder in eine stärkere gemeinsame Spannung hineinkommen. Wir brauchen etwas mehr Abstand. Wir müssen etwas mehr kontrovers denken und fühlen lernen. Wir müssen Konflikte wirklich ausbaden. Man sagt der Psychotherapie nach, sie würde Konflikte herbeireden und künstlich aufbauen – das ist Unsinn, und ich ärgere mich, wenn ich das höre, denn es geht nicht darum, Konflikte künstlich herbeizureden, sondern darum, Konflikte wahrzunehmen, die da sind.

Wenn sich bei einem Paar dieser Ablauf oft wiederholt, dann läuft sich auch das tot, dann nimmt die Energie immer mehr ab – das ist also kein Weg, der auf Dauer die Lebensenergie zwischen zwei Partnern belebt. – Was ich in dem Buch »Das Nein in der Liebe« meine, ist, dass es wesentlich ist, den geheimen, unbewussten Sinn solchen destruktiven Verhaltens einem Paar zu erschließen. Was nicht heißen soll, dass es die einzige Möglichkeit ist, um eine Partnerschaft aufs Neue zu beleben.

Inwiefern gehört es auch zur seelischen Gesundheit, von Zeit zu Zeit in die völlige Verschmelzung mit der Außenwelt zu tauchen? Verschmelzung ist ja heute eher etwas, was wir belächeln und wovor wir uns hüten, weil es nach Symbiose riecht.

Verschmelzung kann ein wunderbarer Zustand sein – das möchte ich hier noch mal betonen. Sie fängt im Mutterleib an. Hegel spricht in diesem Zusammenhang von der »Durchzitterung« des Kindes im Mutterleib. Das ist unsere Ursprungserfahrung, dass wir nämlich Resonanzwesen sind, dass wir nur in Beziehung leben können, dass wir von unserer natürlichen Anlage her nicht getrennte isolierte Individuen sind, sondern immer in Beziehung stehen. Die Frage ist einfach: Wie? – Genauso wie in der ersten Phase unseres Lebens ist Verschmelzung auch später notwendig, um mit etwas anderem in einen tiefen, unbewussten, undifferenzierten, aber eben intensiven und gespürten Kontakt zu kommen. Es kann sein, dass wir von einer Musik tief ergriffen sind und wir werden eins mit dieser Musik, der ganze Leib vibriert. Oder wir verlieren uns selbst im Tanz und sind unserem Ich heilsam entrissen: Auf einmal ist dann die Unterscheidung zwischen uns, die wir tanzen, und der Musik, die wir hören, nicht mehr da – es ist alles eins. Dies geschieht einfach, es kann nicht künstlich produziert werden. So auch ein Künstler, wenn er anfängt, sich mit etwas zu beschäftigen. Er kennt diesen Zustand auch. Als erste Phase in einem Menschenleben sowie in einer Begegnung mit einem anderen oder in einem schöpferischen Tun ist die Verschmelzungsphase wertvoll. – Wenn ein Mensch alles, was nach Verschmelzung riechen könnte, gleich abwehrt, so ist er ein bedauernswerter Mensch, weil er die Voraussetzung für lebendiges Wachstum in sich unterbindet.

Aber diese Phase kann eben nicht andauern: Wenn ich zum x-ten Mal das gleiche Musikstück höre, dann werde ich gewiss versuchen, es zu begreifen – ich studiere die Tonabfolgen, das Zusammenspiel der verschiedenen Instrumente, untersuche die Rhythmen, merke, wie der Dirigent dieses Stück interpretiert. Ich komme vielleicht dadurch wieder in einen Zustand, in dem ich etwas von der früheren Verschmelzung erlebe, aber es ist eben nicht mehr Verschmelzung, sondern Resonanz. – Wenn ich das Wort »Resonanz« gebrauche, meine ich immer einen spürbewussten Prozess. Wenn ich von Resonanz im therapeutischen Bereich spreche, meine ich nicht die physikalische oder musikalische Resonanz, sondern die des spürenden Bewusstseins.

Verschmelzung kann nicht ewig dauern: Der Mensch möchte weitergehen und Grenzen überschreiten – auch hier also ein Ja, das die Grenzen überschreiten will. Es liegt in der Natur unseres Wesens, uns aus einer Ursprungsverschmelzung hinauszubewegen und ein eigener Mensch zu werden – das tun wir in einer Abgrenzung, die den anderen zunächst ausschließt. Aber dann – und das gehört auch zu einer Schule des Eros – merken wir allmählich, dass dieses Ja, das ich jetzt zu mir spreche, nicht ein Ja ist, das den anderen ausschließen muss, sondern im Gegenteil ein Ja, das das Anderssein des anderen mit einbezieht.

Da kommt so etwas wie eine Urkränkung ins Spiel, die ein Kind erfährt, wenn es merkt, dass die Eltern nicht ganz mit ihm identisch sind, dass die Eltern nicht alles verstehen, was es ist, dass sie nicht alles begreifen können, was in ihm vorgeht, dass da ein Anderssein sich zwischen es selbst und die Eltern schiebt –, aber das ist eine ganz natürliche Kränkung, die dazu beiträgt, dass wir uns entwickeln. Und etwas Ähnliches vollzieht sich in der Verschmelzung mit einem Partner.

Es ist ja oft so, dass zu Beginn einer Beziehung dieses Hin und Her zwischen Abstand und Nähe ziemlich stark ausgeprägt ist: Man ist total verbunden mit dem anderen, dann aber wiederum lehnt man ihn total ab. Es scheint so, als würde sich dieser Rhythmus legen und Harmonie, Übereinstimmen, Vertrautheit einkehren, als gäbe es keine Spannungen mehr.

Das ist nur beschränkt richtig: Es stimmt natürlich, dass Menschen, die länger miteinander leben – und ich selber habe achtzehn Jahre mit einer Frau zusammengelebt und lebe jetzt seit elf Jahren mit einem Mann zusammen –, vertraut miteinander sind und dass eine gewisse Ruhe einkehrt. Das ist auch gut so, der Mensch kann ja nicht ständig in Aufruhr leben, er braucht auch stabile Phasen, damit sich etwas vertiefen kann. Jedoch, wenn zwei Menschen, die miteinander leben wirklich ehrlich sind und nicht einfach um eines faulen Friedens willen kleinere oder größere Divergenzen verschweigen, dann gibt es zwischen ihnen noch immer genügend Anlass zu Spannung. Das Alternieren zwischen Distanz und Nähe ist immer noch befreiend und befruchtend. Wenn ich Sätze lese wie: »Die Spannung nimmt in einer guten Partnerschaft mit der Zeit ab ...«, so meine ich, dass dahinter die Unbewusstheit für tatsächlich bestehende Spannungen steckt. Durch einen faulen Frieden können zwei Menschen es wirklich versäumen, sich auch in einer späteren Phase des Zusammenlebens gegenseitig zu beleben, sich infrage zu stellen und Konflikte auszutragen.

Trotzdem sind die Beziehungen in Scheinharmonie verbreiteter ...

Das versteckte Nein findet immer seinen Weg – man giftet sich an, kritisiert oder entwertet den anderen oder redet schlecht über ihn – die Frau schüttet sich bei der Freundin, der Mann beim Freund aus. Man findet immer wieder Kanäle, um das versteckte Nein unbewusst auszuleben. Man will es nicht wahrnehmen.

Das zeigt sich manchmal auch in der therapeutischen Situation, wenn ich mit jemandem in Einzeltherapie arbeite und es kommen Partnerprobleme zum Ausdruck. Eine Frau entdeckt zum Beispiel gravierende Konflikte mit ihrem Mann, die sie aber ihm gegenüber noch nie ausgesprochen hat. Dann kann es geschehen, dass der Mann, der nicht in Therapie ist, den Therapeuten zum Sündenbock macht: »Dass wir Konflikte haben, das hat dir dieser Therapeut eingeredet. Siehst du, ich war ja ohnehin dagegen, dass du in Therapie gehst.« Das ist ein gutes Beispiel dafür, wie geschickt sich das Nein Kanäle und Umleitungen sucht, um zum Zuge zu kommen. Sich der Tatsache der Distanz, Ferne, Fremdheit zu stellen, ist wesentlich für die Gesundheit einer Beziehung, damit wieder Nähe und Verschmelzung erlebt werden kann.

Ein Bekannter hat mir neulich erzählt, dass er es zwanzig Jahre lang vermieden hat, Probleme in seiner Partnerschaft anzusprechen. Und nun hat er es endlich gewagt, was zu einem wahnsinnigen Konflikt führte – es kam fast bis zur Scheidung. Aber dann waren die beiden in Paris, und es war für sie wie ein zweiter »honey moon« – so zumindest hat er es beschrieben. Sie waren wieder miteinander verbunden wie in ihrer Anfangszeit. Einmal mehr zeigt es sich, dass wir auf Dauer Nähe ohne Distanz nicht realisieren können.

Ist das ein Aspekt der »polaren Energieerfahrung«, wie Sie sie in Ihren Büchern beschreiben?

Genau.

Die Liebe sprengt feste Strukturen – Romeo und Julia sind dafür eine Paradebeispiel, doch ist ihre Beziehung dem Tode geweiht, oder wie in Ephraim Kishons »Romeo und Julia«-Parodie, »Es war die Lerche«, endet sie in einem Ehe-Desaster sondergleichen, wo sich die beiden nur noch fetzen – vom stimmigen Ton im Umgang miteinander ist keine Spur mehr zu erkennen. Wenn also Liebe Strukturen sprengt, inwiefern muss sie neue schaffen, damit die Beziehung nicht in pure Zerstörung ausartet? Wie nehmen die sich dann aus, wie sind sie beschaffen?

Es ist schon so, dass, wenn Paare die Verschmelzungsphase hinter sich haben und eine gewisse Zeit miteinander verbracht haben, sie sehr leicht zu alten Strukturen, die sie aus ihren Ursprungsfamilien kennen, zurückkehren: Sie arrangieren sich halt miteinander, und die Strukturen bleiben die alten. Und wenn sich dann plötzlich eine Nebenbeziehung einstellt, dann empfinden sie das als ein ganz großes Unglück. Es ist natürlich eine große Kunst, aus der Zerstörung von alten Sicherheiten zu neuen Strukturen zu kommen. – Wenn also ein Partner eine Nebenbeziehung eingeht, ist es gut, einen Modus zu finden, der möglichst der Gesamtsituation des Paares gerecht wird. Denn in einer solchen Situation geschieht ja oft sehr viel Kränkung und Entwertung. Und Entwertung ist das Schlimmste – in einer Schule des Eros sollte das, was unser eigener Weg ist, nicht damit einhergehen, den anderen klein zu machen. Zwar befindet sich das Paar in einer Situation, in der sehr viel Distanz aufkommt, doch gerade da ist es heilsam, sich im Spürbewusstsein der verbleibenden Nähe zu erfahren und ein Gespür für das nach wie vor Verbindende zu entwickeln. Es ist keineswegs fruchtbar, dies dem Zufall zu überlassen: Schon allein aus dem Verantwortungsbewusstsein dem anderen gegenüber heraus ist es nötig, eine Struktur zu finden, in der Kränkungen vermieden werden können – in der es nicht ständig zu Kollisionen oder zu unangenehmen Begegnungen kommt – in der dem anderen Partner allmählich vielleicht auch klar werden kann, dass mit der Nebenbeziehung etwas Lebendiges in Bewegung gekommen ist, was nicht einfach unterbunden werden kann. Vielleicht sollte nicht die ganze Zeit darüber gesprochen werden – Beziehungsgespräche können ganz fruchtbar sein, aber manchmal sind sie auch ganz destruktiv. – Es gibt jedoch keine generelle Antwort, die für alle Paare gültig ist, sondern jedes Paar muss aus seiner spezifischen Situation heraus handeln. Zwei Menschen müssen sich klar werden, dass, wenn die alten Strukturen nicht mehr halten, es nicht reicht, sich in einen chaotischen Zustand hineinzubegeben und zu hoffen, dass die Beziehung irgendwann per Zufall wieder heil daraus hervorgeht. Es ist wichtig, in gemeinsamer Verantwortung die Möglichkeit neuer Strukturen zu besprechen – und das nicht auf immer und ewig, sondern in Bezug auf diese eine konkrete Situation.

Viele verletzen, indem sie den anderen verletzen, sich selbst.

Ja, und es tut in der eigenen Seele weh. Zu verletzen ist für noch unreife Menschen oft der einzig mögliche Weg zu sich selbst. Bei Hermann Hesse finden wir einen ähnlichen Gedanken – er schreibt, dass er seinen Eltern und seinen Lehrern Hiebe versetzen musste, aber dass das immer auch ein Stich in das eigene Herz war. Es gehört auch zu einer Schule des Eros, eine Sprache zu finden, die das Verbindende nicht verdrängt und ausschließt, die aber trotzdem klar und deutlich das ausdrückt, was in einer bestimmten Situation Distanz schafft und trennt. Eine solche Sprache ist in einem tieferen Sinne wahrhaftig.

Manches klingt für einen selber nicht verletzend, sondern nur klar, ist aber für den anderen schon zu viel und kränkt ihn.

Es wäre zu idealistisch zu sagen, es gibt ein Stadium, wo Kränkungen nicht mehr passieren werden. Das heißt aber nicht, dass wir uns nicht in diese Richtung bewegen sollen. Wenn ich ein Ideal entwerfe, bedeutet das nicht, dass ich die Realität nicht mehr wahrnehmen möchte, sondern, dass ich eine bestimmte Richtung in meinem Handeln einschlage, dass ich versuche, eine Sprache zu sprechen, die Verbundenheit ausdrückt – denn nur so kann ich wirklich verstanden werden. Je nachdem, mit wem wir sprechen – ob mit einem Kind oder einem Freund oder einem Passanten –, sprechen wir immer eine andere Sprache und achten auf die Reaktion des anderen: Wir haben immer auch den anderen mit im Blick und können an kleinen Signalen der Augen, Hände, Körperhaltung sofort merken, was ankommt und wie es ankommt, was wir gerade sagen. Auch das ist ein Ausdruck von Resonanz.

Was nützt es mir, wenn ich die Wahrheit in einer Weise sage, dass sie den anderen zerstört? Dann demonstriere ich eher meine Macht und spiele mit der Ohnmacht des anderen. Es ist also wichtig, darauf zu achten, wann und wie sich eine subtile Abhängigkeit vom anderen einstellt, und zu merken, wo die Grenze zwischen Diplomatie und wahrhaftiger, authentischer Kommunikation verläuft. Was kann ich dem anderen zumuten, ohne mich selbst zu verraten.

Es gibt vor allem in spirituellen Kreisen Menschen, die eine sehr freundliche, behutsame, liebreizende Sprache sprechen, dahinter kann sich aber auch eine arrogante Haltung dem anderen gegenüber verbergen ...

Es geht nicht nur darum eine formelle, behutsame Sprache zu sprechen, sondern in Verbundenheit zu sein: Wir können dem anderen Dinge sagen, die sehr weit gehen, wenn wir in der Herzensverbindung bleiben. Auch in meinen Gruppen stelle ich immer wieder fest, wie viel ich Menschen zumuten kann, aber nicht, weil ich eine Autoritätsperson bin, sondern weil ich versuche, erst dann schwierige Dinge anzusprechen, wenn ich spüre, dass die Verbindung von Herz zu Herz stärker ist. Solange ich merke, dass die Verbindung noch nicht stark genug ist, dann habe ich mir angewöhnt, gar nichts zu sagen – dann schweige ich, um zunächst den Kontakt mit mir selber zu finden und dann auch den zum anderen. Erst wenn er wieder da ist, kann ich mehr sagen. Das gilt sowohl für meine therapeutische Arbeit als auch in meinen privaten Beziehungen. Und es wäre auch ein beachtenswerter Aspekt in einer Schule des Eros.

Kann man mit jedem Menschen eine Verbundenheit haben?

Prinzipiell schon – nur so stimmt das Wort von Paulus: »Nichts Menschliches ist mir fremd!« Der Mörder, der Vergewaltiger usw. – sie sind mir alle nicht ganz fremd. Aber innerhalb der Grenzen meiner Möglichkeiten sieht das natürlich anders aus, wobei ich immer wieder die Erfahrung mache, dass diese Grenzen ausgeweitet werden können. Und das ist das Faszinierende an einem menschlichen Schicksal, dass sich diese Grenzen ausweiten lassen, sodass mir immer mehr Menschen vertraut werden können, und das nicht nur prinzipiell sind, sondern tatsächlich. Aber zu behaupten, es sei mir jederzeit mit jedem anderen möglich, verbunden zu sein, wäre eine furchtbare Überschätzung meiner selbst – denn wir sind alle begrenzt: durch unsere Erziehung, unser Umfeld, unsere Ängste usw.

Inwiefern macht die Selbsterfahrung, die der Einzelne durch die Liebe erfährt, offen und empfänglich für die ganze Welt? Inwiefern profitiert also auch die Welt von diesem Gefühl?

Wenn wir uns in der Phase der Verschmelzung befinden, färbt unsere Liebe die ganze Welt rosarot. Da machen wir noch keine Unterschiede und gehen immer aufs Ganze, ähnlich dem Kind, das im Mutterleib mitschwingt – der Mutterleib ist die ganze Welt, und es ist alles wunderbar! Natürlich ist das eine Idealisierung, die die Dinge, die in Wirklichkeit auch manchmal schwarz oder grau sind, verfärbt. Aber in dieser Phase können wir gar nicht anders – und das ist uns auch auf den Weg gegeben. Schwieriger wird es später, wenn es zum konkreten Miteinanderleben als erwachsene Menschen kommt. Eine reife Liebe kann sich nicht einschließen, das zeigt sich darin, dass dieses Glashaus, in dem sich zwei Liebende einschließen, sehr schnell zu dem werden kann, was wir Beziehungskiste nennen – wenn zwei Wesen rundum isoliert leben, wäre das tödlich: Der Sauerstoff ist irgendwann aufgebraucht und sie können nicht mehr atmen. So etwas führt dann manchmal zu destruktiven Geschichten: Es mündet oft direkt in ein gegenseitiges Sich-Fertigmachen, worüber wir vorhin gesprochen haben. Die Energie, die nach außen gehen möchte, stößt auf eine unsichtbare Wand und wirkt sich zerstörerisch gegen das Paar aus. Es ist also lebensrettend für ein Paar, sich in und aus Liebe auf andere hin zu öffnen, damit Freundeskreise entstehen können – meist sind es drei: ein gemeinsamer und dann hat jeder noch seinen eigenen. Darüber hinaus kann etwas, das wir mit einem Partner erleben, Verbindung schaffen mit dem, was wir in anderen Beziehungen erleben.

Zum Beispiel erzählte mir neulich ein Therapeut, seine Frau habe eine frühe Traumatisierung im Zusammenhang mit Missbrauch erfahren. Er wurde in seiner Partnerschaft mit Phänomenen vertraut, die mit Traumatisierung zu tun haben – plötzliche Panikzustände und Ängste, totales Ausleben von Freude und Verzweiflung usw. Und dies hat ihn für unsere traumatisierte Welt sensibilisiert – wie bei vielen Menschen Grenzen einfach durchbrochen und durchlöchert werden. Wenn er in den Nachrichten von all den fürchterlichen Kriegsgeschichten hört, kann er sich vorstellen, wie es diesen Menschen geht, deren Grenzen missachtet werden. Sein Herz hat sich für eine Wirklichkeit geöffnet, die ihm vorher nicht bekannt war und die ihm erst durch seine Partnerschaft nachvollziehbar wurde. Das gilt nicht nur für schwierige Situationen, sondern auch für lebendige und schöne Dinge. Im Zusammenhang mit dem Thema Leitbildspiegelung habe ich das öfters beschrieben: Der andere wird für uns zu einem Spiegel für das eigene ungelebte Potenzial, und wir leben dann diese Möglichkeit, die wir neu in uns entwickelt haben, nun auch in unserer Umwelt, mit Freunden und Bekannten. Der andere wird zum Tor, durch das eine neue Welt in uns einfließt und durch das wir in die Welt hinausgehen. Dass eine Welt durch das Tor des geliebten Menschen in uns hineinfließt, das schafft in uns den Zustand der Verschmelzung. Dass ich durchs selbe Tor auch in die Welt hinausgehe, das bewirkt den reifen Zustand von bewusster Resonanz mit der Welt – auch das gehört zur Schule des Eros und will erlernt sein, aber nicht mühselig, denn es liegt in der Natur der Liebe, dass sie sich der Welt öffnet.

Wenn man allerdings traumatische Erfahrung mit der Liebe gemacht hat, kann man sich überhaupt noch davon erholen? Der Schmerz frisst sich ja so tief in uns hinein ... Und obwohl wir es uns bewusst machen, dass wir dies und jenes erlebt haben, können wir es nicht ändern.

Ich ziehe in meinem Buch »Die Wunde der Ungeliebten« die Unterscheidung zwischen der traumatischen Spur und der erotischen Spur. Das ist im Grund die gleiche Spur. Nehmen wir uns mal das Thema Missbrauch vor: Eine Frau wurde als Mädchen von ihrem Vater missbraucht. In mehreren späteren Beziehungen stößt diese Frau immer wieder an die Grenzen ihres frühen Traumas: Wenn sehr viel Nähe da ist, bricht sie in Panik aus, flüchtet und versucht, sich zu schützen, indem sie sich total abgrenzt. Da fragt man sich, warum beschreitet diese Frau immer wieder diese alte traumatische Spur? Sie beschreitet sie, um irgendwann diese Schwelle überschreiten zu können – es ist also die richtige Spur. Schwierig ist dabei Folgendes: Wenn diese Spur an einen Punkt führt, wo die Erinnerung an das, was mit dem Vater geschehen ist, wach wird, dann passiert dies, dass die Energie zurückfließt, und das Resultat ist ein Wiederholungszwang. Ob die Erinnerung nun bewusst oder unbewusst ist, ist unwesentlich – manchmal ist es sogar gut, das sie verdrängt wurde: Verdrängung ist in solchen Fällen eine gesunde Leistung der Psyche.

Diese Frau wiederholt also öfters genau das, was sie mit dem Vater erlebt hat. Wenn es nun gelingt, auf dieser Schwelle spürend zu bleiben und so viel wie möglich aus dem Verdrängten zuzulassen, ohne dass sich das Ich wieder auflöst – denn das ist ja der Fall in einer Traumatisierung –, dann muss man als Therapeut gar nicht puschen: Es reicht, immer wieder diese Frau zum Sich-selber-Spüren zu ermutigen, sie erfahren zu lassen, dass sie nicht allein ist. Dann kann es sein – und das habe ich schon öfter erlebt –, dass die traumatische Schwelle auf eine unerwartete Weise überschritten wird, dass die Frau auf einmal merkt – und ich denke dabei an einen ganz konkreten Fall: »Ich bin zwar von meinem Vater missbraucht worden, eine fürchterliche Geschichte, die mich wütend und traurig stimmt, gleichzeitig liebe ich meinen Vater.« Das Traumatische und das Erotische – beides hat dann plötzlich Platz in ihrer Seele. – Als Mädchen und junge Frau musste sie ja diese Liebe aus Selbstachtung und -schutz verdrängen. Und gleichwohl war es die Liebe, die in ihr Schuldgefühle hervorrief: Diesen Mann, der mir das angetan hat, liebe ich. Das darf nicht sein! Identifikation mit dem Aggressor nannte das Ferenczi. So kam es, dass sie ihre Liebe unterdrückte. Um jetzt sich endlich klarzumachen: Ich bin spürend da – und spüre auch diese Liebe, ohne mich schuldig zu fühlen, erlebt sie als äußerst befreiend.

Inwiefern wird in diesem therapeutischen Geschehen der Körper dieser Frau mit einbezogen?

Ich stelle immer wieder im Lauf eines solchen Prozesses die Frage: »Wo in deinem Körper spürst du dich jetzt gerade am stärksten, beschreibe es?« Damit die Patientin nicht den Kontakt mit sich selbst verliert, denn in solchen Situationen kann das sehr leicht geschehen. Und da ist der Körper eine ganz große Hilfe. Sie antwortet dann vielleicht: »Ich spüre meine Füße.« Ich fordere sie auf: »Richte deine Aufmerksamkeit in deine Füße, beschreibe, wie der Kontakt mit dem Boden ist?« Oder sie sagt: »Ich spüre im Kopf eine große Hitze!« Und ich antworte: »Berühre lange deinen Kopf! Suche den Kontakt, und erst wenn du wieder den Kontakt spürst, erzähl weiter.« – Für mich ist das körperliche Spürbewusstsein die Voraussetzung dafür, einen nächsten Schritt tun zu können. Dann erst natürlich kann die Patientin ein Gefühl ausdrücken, das sie bis dahin abwerten musste: »Ich spüre Liebe! Und ich spüre gleichzeitig mich.« In dieser Gleichzeitigkeit erlebt sie das Überschreiten einer bislang unüberwindbaren Schwelle, und so wandelt sich die traumatische Spur in die erotische.

Viele Psychotherapeuten meinen aber, solche Väter sollte man in Grund und Boden verdammen. In der therapeutischen Sitzung wird dann auf einen Sack eingedroschen, der stellvertretend für den Vater da ist. Oder das andere Extrem, das Hellinger vertritt, man solle sich mit den Eltern versöhnen.

Wie auch immer darüber gedacht und gesprochen wird, was ich falsch finde, ist das »Man soll ...«. Man soll überhaupt nichts! Das Einzige, was nötig ist, ist, dass der andere wirklich zu einem spürenden Wesen wird. Dann wird auch deutlich, ob Wut angesagt ist, ob Anklage da ist oder ob Verbundenheit und Liebe wach wird. Aber das entscheide nicht ich als Therapeut, sondern das kommt aus dem Spürbewusstsein des anderen heraus. Deshalb finde ich all diese Therapien, die davon ausgehen, dass man gewisse Verhaltensregeln einhalten muss, fragwürdig. Ich richte mich immer nach dem, was ich »Energiesignal« nenne: Da gibt es deutliche Signale, auch körperliche, die genau darauf hinweisen, was jetzt in diesem Moment bei diesem Menschen angezeigt ist und wo seine Grenzen sind. Es ist manchmal völlig verkehrt, Versöhnung dann zu wollen, wenn Aggression und Wut angesagt sind. Ich geh nicht einmal soweit, tröstend zu sagen: »Das ist halt jetzt vorübergehend so, aber irgendwann legt sich die Wut, und dann kommt die große Versöhnung!« – Ich versuche so sehr mit dem anderen in der Gegenwart zu sein, dass sämtliche Modelle wegfallen. So verstehe ich meine Verantwortung als Therapeut: mit dem anderen in dem sein, was gerade ist.

Spüren Sie aber nicht im Voraus schon das Potenzial, das in einem Menschen steckt und welches sein nächster möglicher Entwicklungsschritt sein könnte?

Auch Menschen, die ich während eines Spontanrituals begleite, also während eines Prozesses, der sich ganz spontan aus dem eigenen inneren Spürbewusstsein entwickelt und gleichzeitig einen rituellen Charakter hat, weil er Allgemeinmenschliches und Archetypisches ausdrückt, fragen mich manchmal: »Sie haben das doch alles schon vorher gewusst?!« Dann sage ich – nein! Und zwar, weil ich im Moment so in Resonanz bin mit dem, was gerade jetzt als Schritt ansteht, dass ich gar keine Energie mehr übrig habe, um über der Situation zu stehen. Ich will das auch nicht, dass nämlich ein Quantum Energie übrig ist, das mich verleiten könnte zu sagen: »Aha, das ist jetzt so, aber ich weiß, was als Nächstes kommt!« Dabei würde ich das Jetzt mit dem Patienten relativieren, und das würde bedeuten, ihn zu verlassen. Es wäre eine arrogante Haltung meinerseits.

Genau das ist es ja, was Menschen, die zu einem Therapeuten kommen, oft genug erlebt haben: dass andere über sie bestimmt haben. Und das wäre dann auch so etwas wie »schwarze Pädagogik«. Es besteht tatsächlich die Gefahr, dass wir heute, wo ein Autoritätsvakuum vorhanden ist und die Eltern es nicht mehr vermögen, in einer wohltuenden Weise ihre Grenzen setzende Kraft mit den Kindern zu erleben, dass wir später als Erwachsene eine tiefe Sehnsucht nach Autoritäten haben, die endlich mal Grenzen setzen und uns sagen, wo es langgeht. Das ist Regression. Und wenn Sie diese geheime regressive Sehnsucht ausschlachten, können Sie als Therapeut eine Schule aufmachen und ganz viel Geld verdienen. Sie werden einen Riesenerfolg haben.

Für mich als Therapeut bleibt es wesentlich, auf den Boden der Wirklichkeit des anderen zu kommen, und von da gehe ich in meiner Arbeit aus und nicht von irgendwelchen bereits normierten Abläufen, die ich in meinem Kopf trage. Sonst würde ich ja die Psychologie unbewusst zur Nachfolgerin der Theologie machen: Unter dem wissenschaftlichen Deckmäntelchen der Psychologie würde ich dann gewisse Normen verbreiten.

Regression kann aber auch manchmal wohltuend sein ...

Wenn ein Mensch in einer tiefen Krise steckt – in einer schweren suizidalen Situation, oder er ist völlig verzweifelt nach einer Trennung, oder er hat die Nachricht erhalten, dass er krebskrank ist –, dann kann ich auch mal die Rolle des Vaters oder der Mutter übernehmen – so, wie die Jirina Prekop das auch tut. Dann bin ich auch mal Gefäß, in dem sich der andere aufgehoben fühlt. Jedoch muss ich als Therapeut achten, dass ich dem anderen nie etwas abnehme, das er selbst tun kann. Und in dem Zusammenhang muss ich auch zwischen Mitgefühl und Mitleid unterscheiden – kein Mitleid, aber Mitgefühl! – Für die meisten Menschen ist schon sehr bald wieder ein reifes, selbstverantwortliches therapeutisches Verhältnis möglich.

Es machen Paare Paartherapien, weil sie völlig gelähmt sind – wieso? Schließlich befinden sie sich doch in einer Liebesbeziehung und da, sollte man meinen, wird viel Energie freigesetzt.

Als wir das Thema »Distanz und Nähe« behandelt haben, da sagte ich bereits, dass Lähmung und Trägheit in einer Beziehung auftreten können, wenn zwei Menschen nicht mehr wach sind: Sie merken, dass es einiges an Spannungen und an Divergenzen gibt und dass es wichtig wäre, mit einer Öffnung des Herzens auch dazu in Kontakt zu treten. Aggressionshemmungen sind das Resultat – sie sind in den Wohlfahrtsehen verbreitet, wie ich sie in »Das Nein in der Liebe» darlegte.

Es gibt natürlich keine Garantie, dass auch die beste aller Beziehungen ewig hält. Und wenn wir Garantien wollen, ersticken wir etwas Lebendiges. Was nicht heißt, dass es uns an Verantwortung und Zuverlässigkeit mangelt, nein – aber das Leben ist riskant in jeder Hinsicht! Ohne den Sauerstoff der Freiheit geht es nicht und ohne Verantwortung auch nicht. Das ist wiederum ein Paradox: Autonomie und Verbindung gehören zusammen. Das eine gibt es nicht ohne das andere, obwohl das widersprüchlich klingt.

Ich kenne viele ältere Paare, die schon seit langem zusammenleben und die trotzdem immer wieder auch hohe Zeiten miteinander feiern können – sogar in der Sexualität. Es ist ihnen gelungen, autonom zu leben und trotzdem mit ihrem Partner zutiefst verbunden zu sein.

Wir dürfen also nicht davon ausgehen, dass Lähmungszustände in einer Partnerschaft nach einer gewissen Zeit ganz normal sind.

Therapien – vor allem Paartherapien sind ja »in«. Es gehört fast schon zum »guten Ton«, einmal die Woche zu »seinem« Therapeuten zu gehen. Auch das Diskutieren über Beziehungen ist »in«. Nur – lässt sich Liebe herbeidiskutieren?

Nein, Liebe lässt sich nicht herbeidiskutieren. Oft haben Beziehungsgespräche einen abwehrenden Charakter: Man redet, um etwas abzuwehren, was man nicht haben will. Man redet vielleicht um abzuwehren, dass es mit der Beziehung tatsächlich schon längst aus ist, und wenn man unter solchen Umständen den Paartherapeuten aufsucht und er spielt mit, dann würde er sich auch mit in den Dienst dieser Abwehr stellen. Das Reden spielt keineswegs die einzige, geschweige denn die wichtigste Rolle.

Diese Modewelle in Amerika, aber auch bei uns, zum Therapeuten zu gehen, wird teilweise abgelöst von einer anderen, nämlich vom Coaching – jeder braucht seinen privaten Coach, einen persönlichen Ratgeber für jede Lebenslage. Den Coach lässt man gar nicht an sich heran, der soll einem einfach in einer ganz bestimmten Situation ein bestimmtes Rezept geben – ob das dann der richtige Rat ist, bleibt ungewiss. Auch hier schimmert wieder die Sehnsucht nach einer Autorität durch, die einem sagt, wie's funktionieren kann.

Welches wäre der Sinn der Liebe – wenn wir ihn kurz zusammenfassen wollten?

Der Sinn der Liebe ist, das scheinbar Heterogene und Unzusammenhängende zu verbinden, die Erfahrung des All-Einen im Polaren machen, die verbreiteten Wertungen, mit denen wir aufgewachsen sind, zu sprengen, das bejahen, was einfach ist – das heißt auch Leid und Schmerz, denn Liebe ist nicht nur Spaß und Lustigsein, sondern eine aufwühlende, rational nicht ganz zu begründende Verbindung. Ohne die

»Wunden der Liebe«, von denen auch Oscar Wilde spricht, geht es nicht.

In diesem Zusammenhang denke ich oft an die Figur des Bodhisattva: Auf der einen Seite ist er der, der die Erleuchtung erreicht hat (wörtlich heißt Bodhisattva: »dessen Wesen Erleuchtung ist«) – das Pendant dafür in der Liebe wäre der ideale Zustand des »Mit-allem-eins-Seins». Aber auf der anderen Seite ist der Bodhisattva auch ein Mensch, der das Leiden anderer trägt, der also auch im Mitgefühl ist. In seinen Händen befindet sich ein Auge, das gleichzeitig auch eine Wunde ist: Das Sehen, das Erleuchtet-Sein, ist auch eine Wunde – beides gehört auch in der Liebe, verstanden als Resonanz, zusammen. Liebe ist die tiefe Bejahung meiner selbst und der Welt, die Bejahung eines größeren Ganzen in uns. Dies ist keine Theorie, sondern eine unmittelbare Erfahrung – es ist die Erfahrung einer großen Öffnung, die Erfahrung von Wärme, Weite, Klarheit. Wir erleben in der Liebe etwas Ewiges, aber nicht im Sinne einer Zeit, die immer dauert, sondern im Sinne eines Augenblicks, der sich jenseits von Raum und Zeit ansiedelt.

»Ich weiß, dass ich nichts weiß«, sagt Sokrates. Aber wenn ich liebe, weiß ich doch alles ...

Weiß ich wirklich alles? Sicherlich, ich weiß vom anderen auch Dinge, die mir gar nicht angenehm sind, und trotzdem liebe ich ihn. Aber die Erfahrung der Liebe ist immer die von etwas Geheimnisvollen, insofern weiß ich nicht alles. Ich weiß einiges vom anderen, anderes wiederum bleibt mir verborgen, zum Glück!

Selbsterkenntnis

»Die Liebe zieht mich in die Tiefe des Du und in die eigene Tiefe.« (N)

»Mein unbekanntes Leben liebt mich: Das ist die subjektive Erfahrung des Eros ...« (A)

»In Momenten tiefster und intensivster Liebeslust haben wir manchmal das Gefühl, im leeren Raum zu schweben: ein Nichts im Nichts. Nie sind wir mit uns so identisch wie jetzt.« (A)

Gerade in unserer Gesellschaft, in der das Ich so groß geschrieben wird, ist der Weg zum Du verbaut – wir setzen Scheuklappen auf und jagen mit Höchstgeschwindigkeit durchs Leben; dann merken wir, es fehlt uns etwas und dann rennen wir von Therapeut zu Therapeut oder von Guru zu Guru ... Wie finden wir den einfachen Weg zum Du wieder? Wie lernen wir, uns wieder auf es einzulassen?

Die Verlangsamung, die es braucht, um uns zu begegnen, die fehlt uns. Von unserer falsch verstandenen Egozentrik erwarten wir Ich-Erkenntnis, aber es ist ein großer Irrtum zu meinen, dass sich das »Erkenne dich selbst!« aus der Isolierung des Einzelnen ergibt. Erst in der Verbindung füllt sich unser Herz mit Liebe und mit Weisheit, erst in der Begegnung erkennen wir uns immer tiefer und tiefer.

»Erkenne dich selbst!« – ist ein Spruch, der über dem Tor zum Orakel von Delphi stand, das heißt: Er bezieht sich auf das Orakel, und ein Orakel meint immer eine Tiefenerkenntnis und nicht nur ein schlichtes An-der-Oberfläche-Deuten. Und in diesem Zusammenhang spielt sicherlich auch das Symbol des Spiegels eine große Rolle. Der Spiegel hat nämlich zwei Bedeutungen: Erstens ist er Oberflächenspiegel und bedeutet nichts anderes als Narzissmus, eine isolierte, egozentrische Ich-Erkenntnis – ich schau mich an und sehe meine Oberfläche, gehe aber nicht in die Tiefe meiner selbst. Ich bleibe an der Oberfläche und schütze mich vor einer Tiefenkenntnis, die mir – wie das Orakel – etwas über mich enthüllen würde, das ich noch gar nicht kenne. Ich wehre also ab, was mich in die eigene Tiefe führen könnte.

Manchmal ist es auch eine sinnvolle Abwehr: Theseus enthauptet die Medusa, während er sie nur durch einen Spiegel anschaut, anders wäre er umgekommen. Aber sehr oft bedeutet der Spiegel eine Abwehr, die nicht nötig wäre, denn der Spiegel als Symbol führt uns – und das ist seine zweite Bedeutung – in die Tiefe: Ich gehe in den Spiegel hinein, der Spiegel verschwindet, und ich sehe mich als einen anderen. Das ist meine einzige Möglichkeit, nicht nur mein Gesicht zu sehen, sondern etwas, das dahinter ist – meinen Schatten, den Doppelgänger, das andere Gesicht. Ich verbinde mich mit etwas in mir, zu dem ich sonst keinen Bezug habe – eine innere Verbindung. Und wenn dieses innere Empfinden meiner selbst da ist, dann erfahre ich innere Liebe. Sie ist die Voraussetzung dafür, dass ich auch im Außen Liebe suche und ausströme. In mir selbst finde ich also den Schlüssel zum Du, ebenso wie im Du den Schlüssel zum Ich.

Auch narzisstische Menschen haben im tiefsten Inneren eine große Sehnsucht nach Verbindung, jedoch gelingt ihnen diese innere Verbindung nicht: Der Kontakt zur eigenen Seelentiefe fehlt ihnen. Auch körperlich haben sie wenig Kontakt zu sich selbst, auch wenn sie noch so sehr ihre Muskeln stärken. Es fehlt ihnen an einem spürenden Bewusstsein des eigenen Leibes, und gleichzeitig fehlt es auch am inneren Bezug zum anderen – das ist psychologisch gesehen eine Gleichung: Menschen, denen es an innerer Verbindung mit sich selbst fehlt, solche Menschen sind auch nicht in der Lage, für andere Liebe zu empfinden. – Selbsterkenntnis ist also zunächst Selbstliebe, liebende Verbindung mit sich selbst, auch mit solchen Aspekten der Persönlichkeit, die nicht so toll sind. Und Selbstliebe ist die Voraussetzung dafür, dass eine Öffnung des Herzens nach außen stattfinden kann.

Das Orakel von Delphi darf demnach nicht einfach als ein rationales »Erkenne dich selbst!« verstanden werden, sondern es geht um eine Erkenntnis, die in die Tiefe des eigenen Spiegels eindringt und in Liebe aufgeht.

In »Die Wunde der Ungeliebten« meinen Sie, das »Erkenne dich selbst« müsse durch den Leitsatz: »Liebe dich selbst« ergänzt werden.

Das, was ich vorhin gesagt habe, erklärt genau dies, was ich in der »Wunde der Ungeliebten« bloß angedeutet habe: Ohne Selbstliebe gibt es keine wirkliche Selbsterkenntnis.

Nächstenliebe in einem falschen Verständnis beschränkt sich auf eine Annahme des anderen oder ein Tun für den anderen ohne eine tiefe innere Verbindung mit ihm. Ein Aspekt der Liebe, der im Christentum wurzelt, hat mit dem Begriff »Agape« zu tun – Agape ist Gottes- und Nächstenliebe, eine wunderbare Liebe, die als völlig selbstlose Liebe beschrieben wird: Ich gebe mich dem Du und Gott hin, lasse mich dabei außer Acht, bin beim anderen und überhaupt nicht mehr in mir gefangen. – Das mag in Ausnahmefällen in einer Beziehung auch wirklich einmal nötig sein, wenn z. B. ein Partner schwer krank ist oder sich in einer tiefen Krise befindet. Dann ist es auch eine stimmige Erfahrung, dass ich ganz und gar für den anderen da bin. Aber in einer Beziehung muss die Agape-Liebe, die göttliche, die geistige Liebe auch durch andere Aspekte der Liebe ergänzt werden: nämlich durch den Eros, der in mir schwingt, der in mir genauso präsent ist – die sinnliche Liebe muss auch zum Zuge kommen, und durch die Freundschaftsliebe – Philia –, in der Ebenbürtigkeit herrscht.

Agape wirft im Übrigen oft einen großen Schatten, das muss auch betont werden – nämlich den der Macht. Das habe ich während meiner Zeit als Priester erfahren. Viele Menschen merken gar nicht, wie sehr sie zu der Nächstenliebe durch das Bedürfnis nach Macht motiviert werden: Da ist ein ohnmächtiger Mensch, der braucht meine Hilfe, und indem ich ihm helfe, fühle ich mich mächtig – ein Aspekt des Helfersyndroms. Deswegen müssen wir etwas vorsichtig sein und die Nächstenliebe nicht ausschließlich verklären.

In der Bibel heißt es sogar, man solle seine Feinde lieben ...

Das ist auch eine Form der Nächstenliebe. Ja, aber auch da ist Vorsicht geboten! Denn: Wie soll ich das machen? Ich kann ja schließlich meinen Feind nicht lieben, solange er mein Feind ist. Wenn er mir aber zum Freund geworden ist, dann kann ich das durchaus. – Der Prozess geht also über die Transformation des Feindes in einen Freund. Und wie geschieht diese Transformation? Indem ich selber mit Aspekten in mir die Verbindung aufnehme, die mir den anderen bisher zum Feind gemacht haben. Ein Beispiel: Jemand lebt seine Aggressionen total aus und geht mir völlig auf den Wecker. Meinem Gefühl nach ist er also mein Feind – ich hege ihm gegenüber feindliche Gefühle. Das hängt nun damit zusammen, dass ich sehr große Mühe habe, meine eigene Aggression klar nach außen zu zeigen, zu leben und zu konfrontieren. Der Weg, diesen anderen zu lieben, ist nur möglich, wenn ich den Kontakt mit meiner eigenen Aggressivität aufnehme und mit ihr meinen Frieden schließe. So wird der andere auch zu meinem Freund. So muss man diesen Zusammenhang verstehen. Doch wird er in der Nächstenliebe meist ausgeblendet – auch in der Bibel, selbst im Neuen Testament, gibt es viele Verteufelungen, auf die ich in meinem Buch »Gottesbilder« hingewiesen habe.

»Ich ist ein Anderer«, sagte Lacan, und um dies zu erfahren, muss man nicht unbedingt Drogen schlucken. Wieso erleben wir uns plötzlich als »der Fremde«? Das ist erschreckend und doch auch vertraut – wir sehnen uns auch nach diesem anderen in uns: dem Monster, dem Schatten, dem Doppelgänger ...

Lacan greift ebenfalls auf die Spiegelerfahrung des Menschen zurück, wenn er das sagt. Er spricht vom kleinen Kind, das sich im Spiegel erkennt und vollauf jubelt, wenn es sich erkannt hat: Es ist ein großes Staunen – sich in einem »anderen«

zu erkennen. Es ist die Erfahrung, dass ich mich tatsächlich nur »spiegelverkehrt« wahrnehmen kann: dass ich mich also in einer anderen Weise wahrnehme, als ich wirklich bin. Das gilt für den Spiegel, das gilt für die Selbstwahrnehmung im Du eines Menschen – in der Leitbildspiegelung.

Es trifft, so der Ethnologe Levy-Bruhl, auch für die Ursprungsgesellschaften zu, dass der Schatten unentbehrlich für das Leben eines Menschen ist: Er ist in gewissem Maße das zweite Ich, das Double, er ist nicht von uns getrennt, lebt aber auf eigene Weise. Levy-Bruhl geht sogar noch weiter: In den Ursprungsgesellschaften ist er nicht einfach nur ein anderer Aspekt, er ist sogar das Wesen der Person – das kommt dem nahe, was C. G. Jung als das Selbst bezeichnet. Das heißt, unser Wesen ist ein anderer: Wir sind uns selber fremd. Das, was Camus extrem in seinem Roman »Der Fremde« beschrieben hat, und vor ihm die Romantiker in der Gestalt des Doppelgängers verdichtet haben: die existenzielle Einsamkeit, das Anderssein. Die ganze Romantik, eigentlich eine Vorläuferin der modernen Tiefenpsychologie, lebt von diesem Motiv.

Auch Peter Schlemihl in Adalbert von Chamissos romantischem Märchen verkauft seinen Schatten und ist dann todunglücklich und ewig auf der Suche nach ihm …

Ja, er braucht seinen Schatten unbedingt für sein Leben: Wer den Schatten verkauft, verkauft seine Seele, verkauft das Wesentliche von sich selber. Er ist das Selbst: die Tiefe, aus der heraus Entwicklung möglich ist – da sind die Ressourcen verborgen, aus denen neues Leben hervorgehen kann. Deshalb gibt es auch einen verbreiteten Aberglauben: dass eine schattenlose Frau keine Kinder bekommen kann. Ein Mensch ohne Schatten ist unfruchtbar sowohl in Bezug auf die eigene Entwicklung als auch in Bezug auf die Entwicklung von Beziehungen. Es braucht also den Kontakt zum anderen in uns selbst.

Dieses Motiv ist auch in der Theologie anzutreffen. – Als ich vor 40 Jahren Theologie studierte, da habe ich mich gefragt, warum klingt das so tief in mir an, wenn ich vom doppelten Bild Gottes höre – vom Gott, der Mensch geworden ist, und von Gott als dem ganz anderen, dem Geheimnis, das in der Mystik zum Tragen kommt? Es gibt viele Motive, die etwas in unserer Seele zum Klingen bringen, nur können wir die psychologische Verbindung oft erst viel später herstellen. Wir spüren: Gott ist menschlich, aber trotzdem ein Mysterium – das hat mich zutiefst berührt, ich wusste aber nicht, weshalb.

Jetzt verstehe ich das besser. Wir sprechen zwar vom Selbst, können es aber nicht ganz ausschöpfen – es ist die Quelle unserer Ressourcen, aber in der Tiefe der Ressourcen ist ein Geheimnis und etwas Unausschöpfbares. Das spüren wir, und genau da berühren sich Psychologie, Philosophie und Theologie im Sinne einer erfahrbaren Theologie: Es gibt in uns eine Offenheit für etwas, das wir nie ganz erschließen können, für einen Gesamtzusammenhang, den wir zwar erspüren, aber nie ganz ergründen können. Das gibt dem Leben eine Tiefendimension, die unsere Lebensenergie steigert. Ich merke das immer wieder in Gesprächen, die ich mit meinen Patienten führe, aber auch in Gruppen. Wenn wir zu dieser Dimension gelangen, dann kommt eine sehr andächtige Stimmung auf und viele haben das Gefühl: »Jetzt bin ich ganz bei mir!«

Das ist paradox – so hat man Psychologie zur Zeit Freuds noch nicht verstanden. Freud hatte keinen Zugang zu dieser Dimension, er war ein Kind des Positivismus. Jung hatte diesen Bezug. Und erst diese Dimension gibt dem Leben einen Sinn.

Das ist ja auch das, was die Beziehung zum Du so fruchtbar macht: Wir erfahren über den anderen etwas Verstecktes über uns selbst. Warum aber trennen wir uns so häufig von ihm? Erschreckt uns etwa die versteckte Wahrheit über uns selbst?

Das ist sicher auch ein Grund, weshalb sich viele Menschen trennen: Sie werden durch den anderen mit einer inneren Wahrheit konfrontiert, die ihnen Angst macht. Sie entwickeln dann einen Angst-Widerstand und müssen vom anderen gehen. Das ist etwas sehr Trauriges.

Im Buch »Das Nein in der Liebe« steht der Satz über einem Kapitel: »Du bist ein *Bild* meines heimlichen Lebens« – dieser Satz spricht viele Menschen an: Es ist etwas Energetisierendes zu vernehmen, dass in mir und in dir ein heimliches Leben ist, und dass in Verbindung mit dir dieses heimliche Leben belebt wird. Ich sage ja nicht: Du bist mein heimliches Leben, sondern ich sage: Du bist ein *Bild* meines heimlichen Lebens. Unter Bild verstehe ich ein Symbol. Es ist also nicht so, dass ich in mir genau das verwirkliche, was der andere ist, das wäre Imitation und Abhängigkeit. Sondern ich verwirkliche auf die mir eigene Art etwas, was mir vom anderen entgegenkommt. Und genau das ist eigentlich die Verbindung zwischen mir und ihm.

Also, die Verbindung geschieht dazwischen ...

Da sind wir bei der Kategorie von Martin Buber – bei der Kategorie des Zwischens. Auf dieses Zwischen bezieht sich das »Symbol«.

Symbol stammt vom griechischen Verb »symballo« ab und bedeutet »zusammenwerfen oder -fügen«. Dieses Wort hat als Ursprung einen Brauch, der im antiken Griechenland mit der Gastfreundschaft (Xenia) zusammenhängt: Wenn ein Gast über längere Zeit bei seinem Gastgeber bleibt und es entwickelt sich ein Freundschaft, dann nimmt der Gastgeber, wenn die beiden sich trennen, eine Scherbe und bricht sie auseinander. Er gibt dem Gast, der von dannen zieht, die eine Hälfte der Scherbe. Wenn dieser dann Jahrzehnte später, oder vielleicht dessen Sohn, wiederkehrt, hat er diese Scherbe bei sich und die beiden Teile fügen sich wieder zusammen. Der Begriff »Symbol« weist also auf eine Bruchstelle hin, die auf etwas Unbekanntes hindeutet – es ist was Eigenes da, aber gleichzeitig auch der Hinweis auf etwas Unbekanntes.

Durch jede Beziehung, die wir eingehen, entwickelt sich dann eigentlich ein neuer Mensch in uns.

Die Angst vor diesem neuen Menschen ist es, die diesen Angst-Widerstand wachsen lässt. Psychologisch könnte man diesen Angst-Widerstand so erklären: Ich habe gelebt und überlebt – so, wie ich bis jetzt gelebt habe, wer weiß, was mir jetzt passieren wird, wenn ich diese Schwelle überschreite, die Grenze zu etwas Neuem hin?!

Jede Grenze dieser Art – ist ein Tod. Jedes Sich-Öffnen auf ein Du hin, um im »Zwischen« etwas entstehen zu lassen, was zu einem neuen Menschen hinführen kann, ist ein Tod – der Tod eines alten Menschen in uns. Der alte Adam muss sterben, damit der neue werden kann. Beziehungsangst ist immer Angst vor dem Tod – das habe ich im Buch »Abschied von der Selbstzerstörung« beschrieben: Es fällt uns schwer, Grenzen auf ein Du hin zu sprengen.

Warum?

Dieser Prozess braucht Zeit: Zeit gemeinsam Krisen zu überstehen, Zeit, gemeinsam auch durch destruktive Erfahrungen hindurchzugehen, Zeit für Gemeinsamkeit, Zeit für Unsicherheiten usw. Und in unserer Epoche sind wir so sehr auf kleinere oder größere Kicks fixiert, dass wir uns diese Zeit nicht mehr gönnen: Wir wollen »paradise now« – jetzt sofort! – Wenn ich älteren Paaren begegne, denen eine gute Beziehung geglückt ist, dann bewegt mich das sehr. Sie haben sehr viel Schönes, viel Freude, aber auch leidvolle Erfahrungen und Schmerzen durchlebt. Wenn nur die Kicks gewollt werden – Erlebnisse und Spaß, dann fehlt es an dieser bewegenden Erfahrung von Verbindung, die zu einer liebevollen Partnerschaft gehört. Das ist ein Plädoyer dafür, sich Zeit zu nehmen, gemeinsam auch Wüsten zu durchqueren, denn nur dann kann das geschehen, was Peter Handke treffend als den »Ruck in die Mitte« bezeichnet hat: Plötzlich erlebe ich mich in meiner eigenen Mitte – in einer vielleicht paradoxen, unglücklichen und schwierigen Situation, aber ich stelle mich dem, was ist, ich halte es aus und gehe da durch. Wenn ich Menschen in Spontanritualen begleite, ist eines meiner häufigsten Worte: »Bleib dran!« Denn, wenn Angst und Panik sich melden, steigen wir zu leicht aus.

Die ganze Hippie-Bewegung war ein Aufbruch in eine Jugendpsychologie, und auch das hat ja etwas Schönes an sich – Wachstum, Frühling, Lebendigkeit, das hat etwas Anziehendes, aber es reicht nicht. Es braucht auch den Sommer, Herbst und Winter in einer Beziehung. Und ich sage häufig in Gruppen: »Wenn du dir keine Zeit lässt, brauchst du sehr viel Zeit!« Das ist ein weiteres Paradox.

Ich erschließe mir durch den anderen neue Möglichkeiten ... Wie ich sie dann aber realisiere und lebe, könnte den anderen von mir entfernen – meine Wandlung führt dann vielleicht zur Trennung, obwohl die Wandlung gerade vom anderen angestachelt wurde.

Zunächst bin ich solchen Sätzen gegenüber skeptisch: »Ich habe mich weiterentwickelt, mein Partner nicht! Das Problem ist mein Partner!« Solche Sätze höre ich oft im Anschluss an Vorträge, die ich zu Partnerschaftsfragen halte: »Alles was Sie sagen ist mir bekannt, ich habe diese Schritte getan, aber mein Partner nicht.« Der Betreffende hat dann alles, was ich erzählt habe, immer in Fixierung auf den Partner gehört, alles auf ihn bezogen. Und eine solche Fixierung weist schon darauf hin, dass eine Abwehr gegen Eigenes vorliegt. Er macht sich die Illusion, dass er alles erreicht hat. Nur hätte er wirklich »alles« erreicht, müsste er nicht so abwehrend reagieren und alles auf den Partner abwälzen – es gäbe sicherlich auch vieles, das er mit sich in Verbindung bringen könnte.

Des Weiteren ist in diesem Zusammenhang zu bedenken, worauf die systemische Psychologie hinweist: Wenn einer sich wirklich verändert hat und nicht nur demonstrativ so tut, als hätte er sich »weiterentwickelt«, entsteht in ihm eine gewisse Freiheit und Unabhängigkeit, die dazu führt, dass sich das gesamte System, in dem er lebt, ändert – folglich auch der Partner. Dann kommt in diesem Fall der Fixierung auf den anderen noch erschwerend dazu, dass das Gefühl von Verbindung aus Liebe nicht da ist. Vorwurfsvolle Sätze werden meist nicht in Verbundenheit mit anderen gesprochen.

Es mag zwar durchaus sein, dass der andere sich nicht in der Weise entwickelt hat, wie ich mir das vorstelle oder wünsche – dann muss ich mir die Frage stellen: Geht das für mich oder geht es nicht? Manchmal ist Trennung notwendig, sonst stellt sich über Jahre nichts als Lähmung ein und man lebt nur noch in der Hoffnung: Vielleicht regt sich doch noch etwas! Also ist es auch wichtig, eine Trennung zum richtigen Zeitpunkt zu vollziehen. Aber selbst für Trennung – eine auch innere Trennung – braucht es eine Verbindung der Herzen.

Wenn sich Paare trennen, ergehen sie sich meist in Anschuldigungen – das rührt wohl daher, dass wir Trennungen nicht kultivieren, vielleicht sollten wir auch Scheidungen genauso feiern wie Hochzeiten ... Inwiefern brauchen wir eine Trennungskultur?

Ja, wir sollten Trennungen kultivieren, da bin ich mit Ihnen einverstanden. Aber ich gebe auch einiges zu bedenken: Es ist ganz normal, dass es zunächst einmal bei Trennungen einen Abstoßreflex gibt, der auch durchaus etwas Parteiisches und Ungerechtes hat und dem anderen eine Zeit lang wirklich nicht gerecht werden kann. Wenn es ihn nicht gäbe, wäre die Trennung gar nicht möglich. Am Anfang braucht es eine Art »Notwehr«, und da ist der Moment, eine Scheidung ähnlich wie eine Hochzeit zu feiern, noch nicht gegeben. Wir dürfen ja nicht die Tatsache vernebeln, dass mit einer Beziehung, die aufgelöst wird, auch etwas Eigenes stirbt. Es ist also auch eine innere Abgrenzung, die vollzogen wird und die ist oft unglaublich schmerzlich, denn es kann ja nicht sein, dass uns nur Negatives und Schwieriges mit dem anderen verbunden hat. Es hat auch etwas Lebensförderndes gegeben – und in unserer innersten Tiefe ist dies auch immer noch da. Wir schneiden also mit einer Trennung etwas aus unserem eigenen Fleisch weg – ein schmerzlicher Prozess, der mit vielen Wunden und Schwierigkeiten verbunden ist. Und es braucht wieder viel Zeit, bis die Erfahrung von Trennung in die Erfahrung einer neuen adäquateren Beziehung mit dem Ex-Partner hineinführt.

Ich habe das selber auch erfahren. Und es ist meiner Frau Heike und mir gelungen, den Weg in eine Beziehung hinein zu finden, die ich auch als eine Liebesbeziehung empfinde und die von einer authentischeren, ehrlicheren und offeneren Liebe geprägt ist, als sie es teilweise während der Ehe war. Das ist ein großes Geschenk, das sich zwei Menschen gegenseitig geben können. Es gehört mit zum Allerschönsten, was ich erlebe – nur es hat Zeit gebraucht.

Ich hätte mir nicht vorstellen können, an demselben Tag, an dem wir vor dem Scheidungsrichter standen – ich erinnere mich noch gut an den schrecklichen Tag im Januar 1993 –, mit Freunden in ein Restaurant zu gehen und zu feiern. Das hätte überhaupt nicht unserer Stimmung entsprochen. Ich musste am nächsten Tag nach Rom fliegen, weil ich da eine Fernsehsendung machen sollte – und sie war hundsmiserabel. Ich hatte mit dem gleichen Moderator schon mal eine Sendung gemacht und die war damals ausgezeichnet gewesen. – Allerdings zu einem späteren Zeitpunkt könnte ich mir ein solches Ritual schon vorstellen: Wenn der Dampf abgelassen ist, und die Ambivalenz, die in jeder Trennungssituation doch noch da ist, nicht mehr existiert, dann kann man vielleicht wieder zusammen feiern. Aber zu einer Kultur der Trennung gehört nicht nur eine solche Feier, sondern der ganze Prozess von Anfang an. – Ich spreche hier nicht von einem Paar, dessen Herzensbeziehung sich schon längst totgelaufen hat. Dieses kann bereits am Tag der Scheidung feiern, endlich die Konsequenzen gezogen zu haben.

Es ginge bei so einer Feierlichkeit, meine ich, vor allem um den sozialen Aspekt, dass oft gemeinsame Freunde nicht wissen, wie sie sich zu verhalten haben: Beziehen sie sich auf den einen, haben sie ein schlechtes Gewissen dem anderen gegenüber.

Ja, das ist ein wichtiger Aspekt – das ist bei uns gut gelaufen: Ein Großteil des Freundeskreises ist uns erhalten geblieben. Und diese Menschen haben mit uns beiden Kontakt und dabei kein schlechtes Gewissen.

Wie kommt es, dass wir – vor allem wir Frauen – auf den Partner fixiert sind und uns selbst »vergessen«? Kommen wir ihm etwa so näher, wenn wir unseren gesamten Tagesablauf dem Partner anpassen?

Eine gewisse Anpassung und Kompromissbildung ist in jeder Beziehung und ganz allgemein im Zusammenleben mit Menschen notwendig. Es ist realistisch, dass man manchmal seine Bedürfnisse hinten anstellt, jedoch wenn das ganz auf Kosten der eigenen Autonomie geht, dann geht das selbstverständlich zu weit – dann ist eine solche Anpassungsleistung eigentlich nichts anderes als ein Sich-Abhängig-Machen, das aus dem noch abhängigen Kind in uns kommt. Meist sind es Kindfrauen, die aus einem kindlichen Gefühl von Unselbstständigkeit und Abhängigkeit solche übermäßigen Anpassungsleistungen erbringen und sich selber dabei aufgeben. Das ist dann keine Beziehung mehr von Erwachsener zu Erwachsenem, sondern vom Kindheits-Ich der Frau zum Eltern-Ich des Mannes – um es mit der Transaktionsanalyse zu formulieren.

Viele Frauen verbinden ihre Haltung mit der irrigen Hoffnung, dadurch die Beziehung aufrechterhalten zu können. Was dann aber meist passiert, ist, dass ein Mann eine solche Frau nicht mehr ernst nimmt, dass es in der Beziehung an Spannung fehlt, und die Folge davon ist, dass beide unzufrieden sind. Das ist dann oft der psychologische Grund, weshalb neue Beziehungen gesucht und eingegangen werden. Die Frau erreicht also gerade das Gegenteil von dem, was sie sich durch ihr Anpassungsverhalten erhofft hat.

Das extrem andere Muster ist das des total Unabhängig-sein-Wollens vom anderen ... Selbst die Liebe, die ich ausströme, gehört mir und bedarf keines anderen: Ich tue alles aus mir selber heraus, wie es in einem Lied heißt: »all by myself«. Inwiefern ist das narzisstisch gedacht?

Es ist nicht so, dass **ich** die Liebe ausströme, sondern es geschieht eine Verbindung: Liebe entsteht immer in einem Kreislauf, der zwei Menschen verbindet, also immer in einem »**Zwischen**«. Nicht ich bin die Quelle der Liebe – das wäre eine total narzisstische Auffassung von Liebe, die dann eher so etwas ist wie Blenden. Das wäre eine eitle, selbstgefällige Art, sich einem anderen Menschen zuzuwenden, aber es ist bei weitem keine Liebe, die strömt.

Dem »all by myself« setze ich ein »nothing by myself« entgegen, wenn »all by myself« bedeuten soll, dass alles durch das Ich zu geschehen hat. In der Liebe machen wir nämlich die Erfahrung von Ent-Ichung. Und wenn wir von der Ausstrahlung eines Menschen sprechen, meinen wir einen Menschen, der gleichermaßen bei sich ist und in Verbindung mit anderen steht. Es ist nicht von ungefähr, dass der Begriff »Ausstrahlung« etwas mit Licht zu tun – »heil sein« hat den gleichen Wortstamm wie »hell« oder wie »whole« (ganz) im Englischen. Ganz werden, heil werden, hell sein – das gehört alles zusammen. Ausstrahlung hat ihren Ursprung nicht nur in mir: Sie entsteht aus meiner Verbindung mit dem, was mich umgibt. Es ist eine Erfahrung, die einen Beziehungscharakter – und damit einen kosmischen Charakter hat.

Gerade in esoterischen Kreisen meinen viele, wenn sie meditieren, sei alles gelöst …

Und dabei haben sie manchmal schwerste Neurosen – es ist auch hier der Irrtum, dass der Mensch aus sich alleine heraus existieren kann. Und weist man sie darauf hin, haben sie gleich einen rettenden Satz parat: »Ja, ja, ich weiß, wir sind kosmische Wesen, wir sind alle eins.« Aber wenn's ins konkrete Beziehungsleben geht, dann funktioniert diese Verbindung von Mikro- und Makrokosmos plötzlich nicht mehr. Vor vielen

Jahren kam ein Paar zu mir – der Mann hatte seit vielen, vielen Jahren Zen-Meditation praktiziert. Immer zu gewissen Tageszeiten zog er sich zurück, um zu meditieren. Doch irgendwann bekamen die beiden ein Kind – und das hat dann die beiden in eine Beziehungskrise gestürzt. Die Frau bekam, als die beiden bei mir landeten, sofort einen Wutanfall: »Manchmal brauch ich ihn einfach auch zu den Zeiten, wo er meditiert ... Ich bin nämlich auch berufstätig, und er zieht sich immer in seinen Elfenbeinturm zurück, sieht dann ganz erleuchtet und selig aus, und wenn er dann wieder mit mir zusammen ist, wird er sauer, dass da irgendwelche Pflichten auf ihn zukommen.« Der Mann benahm sich also so, als wäre das etwas Erniedrigendes, sich der Familie zu widmen, als würde das zu seiner Meditation nicht passen ...

Meister Eckhardt hat diesbezüglich gesagt: Unterbrich deine Kontemplation, wenn du die Gelegenheit hast, einem Kranken eine Suppe zu reichen. Die Erleuchtung kann man nämlich laut vielen Mystikern auch in einer alltägliche Umgebung erfahren.

Auch in der Bibel antwortet Jesus, als er gefragt wird, wo er denn zu finden sei: Im Geringsten meiner Brüder – im Armen, im Kranken, im Sünder, in dem, der von der Gesellschaft ausgesondert wird, da bin ich, da findet ihr mich. Auch da also – konkrete Liebe.

Wir stellen ja immer eine Kosten-Nutzen-Rechnung auf – darin sind wir heute Meister. Inwiefern können wir durch die Hingabe an den anderen dieses Modell sprengen?

Die Kosten-Nutzen-Rechnung passt ja wunderbar zu unserer Tauschhandelsmentalität. Wie ist eine Schule des Eros überhaupt in einer Gesellschaft möglich, die so strukturiert ist? – Es ist nicht leicht, aber gerade diese Gesellschaft so, wie sie sich uns darstellt, ist eine Herausforderung zur Stärkung dessen, was wir sein können. Wir brauchen also mehr Energie im Eigenen, sonst würden wir innerhalb dieser Gesellschaft kollabieren. Wir müssen uns selbst innerlich kräftigen, unser Spürbewusstsein wach halten – und zwar gerade, weil wir in einer Gesellschaft leben, wo alles auf das »Ich gebe dir, damit du mir gibst!« ausgerichtet ist.

Weil der äußere Druck in einer Leistungsgesellschaft so enorm groß ist, braucht es ein noch viel stärkeres Spüren dessen, was unser Wesen ausmacht, was wir wirklich sind. Es braucht ein noch viel stärkeres Spürbewusstsein. Ich möchte die Kategorie des Spürbewusstseins in diesem größeren Zusammenhang verankert wissen. Sie wendet sich gegen die winner-looser-Mentalität. Und um dieses Spürbewusstsein zu entwickeln, brauchen wir Gemeinschaften, denn wir schaffen das nicht alleine. Meine Therapiegruppen betrachte ich in diesem Sinne als Übergangsgemeinschaften. Aber wir bräuchten auch andere Gemeinschaften, in denen genau diese existenzielle Nacktheit gefördert wird, wo Menschen sich nicht mehr in solchen Drucksituationen befinden und sich nicht mehr verfremden lassen, sondern wo sie sich ohne Status, wie das früher in Übergangsgemeinschaften im Zusammenhang mit Initiationen geschah, einander nähern und wieder anfangen, sich gegenseitig zu spüren. Das ist der große Wert einer Gruppe und für mich der Hauptgrund, weshalb ich in den letzten Jahren zunehmend mit Gruppen arbeite.

Nur in Verbindung mit den anderen kann sich das Eigene entwickeln, und wir merken dann auch den Halt: Das, was ich als mein Eigenstes, mein Wertvollstes erlebe, ist sehr verwandt mit dem, was auch andere als ihr Eigenstes und Wertvollstes erleben. Da landen wir im Bereich der Archetypik, der uns stärkt und uns aus der Isolierung erlöst. Und auf diese Weise machen wir uns frei von äußeren Drucksituationen und lassen uns von unserer Erlebnisgesellschaft nicht weiter manipulieren.

In einem Liebesgedicht von Brecht heißt es: »Ich will mit dem gehen, den ich liebe. Ich will nicht ausrechnen, was es kostet (...) Ich will nicht wissen, ob er mich liebt.« Einer so starken Empfindung zu folgen, bedeutet das nicht Hingabe ohne ein Wenn und Aber?

Dies ist eine faszinierende Stelle bei Brecht! – Das hat ja etwas äußerst Prickelndes an sich, es hat was Totales, was Entschiedenes, Überzeugtes, Grenzen-Sprengendes, wenn man so etwas ausspricht. Diese Stelle erinnert mich an ein Lied von Edith Piaf, das auch etwas davon hat. Das Lied heißt: »Der Diamant des Königs«. In diesem Lied geht es darum, dass ein junger, aber sehr armer Mann für seine Geliebte einen Diamanten aus dem Königsschatz stiehlt. Er wird erwischt und ins Gefängnis geworfen. Die Geliebte entscheidet sich dann in diesem Sinne: »Er hat für mich diesen Diamanten gestohlen, das ist wahre Liebe! Ich gehe mit ihm ins Gefängnis.« Es klingt sehr romantisch, vielleicht sogar etwas kitschig, aber genau dieses Kitschige berührt uns – und das ist ja oft so bei kitschigen Aussagen, dass sich da irgendwo ein wahrer Kern versteckt, etwas, das für jeden psychisch wirklich nachvollziehbar ist.

Oder ein anderes ähnliches Beispiel wäre die kurze Erzählung von Stefan Zweig »Die Hochzeit von Lyon«. Auch da geht es um ein junges Paar; er ist ein Königstreuer im Zeitalter der Französischen Revolution. Und er wird von den Revolutionären erwischt, von Robespierre zum Tode verurteilt und kommt ins Gefängnis. Seine Geliebte ist völlig verzweifelt, weil sie nicht weiß, ob er noch lebt oder nicht. Sie geht zu Robespierre und der sagt ihr: Ihr Geliebter wurde schon hingerichtet. Worauf sie Robespierre als Mörder und gemeinen Hund aufs Schmählichste beschimpft. So wird sie auch ins Gefängnis geworfen. In der Dunkelheit des Gefängnisses erkennt sie irgendwann die Konturen ihres Geliebten, sie treffen sich in einem Riesenraum, wo alle Menschen zusammengepfercht sind. Es gibt aber noch einen kleinen Nebenraum, der wird für sie geräumt und sie erleben noch ihre Brautnacht, bevor sie dann gemeinsam am nächsten Tag hingerichtet werden. Auch hier kommt dieses Radikale zum Ausdruck – und irgendetwas daran muss wahr sein in all dem, was insgesamt natürlich illusorisch ist in der Geschichte. Was ist das?

In diesem Kompromisslosen kommt das Bedürfnis nach der totalen Liebe zum Ausdruck. Unsere Liebesfähigkeit und -kraft hat tatsächlich etwas Totales an sich. Kontakt mit dieser unserer inneren Fähigkeit aufnehmen und erleben, ist energetisierend. Jedoch müssen wir auch unterscheiden: Einerseits ist das meine Liebesfähigkeit, und andererseits ist meine Beziehung zum konkreten Du eine begrenzte Beziehung mit begrenzten Möglichkeiten. Wenn wir nämlich das innere Totale verwechseln mit dem Äußeren, dann wird aus der Hingabe eine Hin-weg-gabe: ein Sich-weg-geben, Sich-aufgeben.

Vor allem bei Frauen beobachte ich diese Haltung – eine Haltung, egal, ob er mich liebt, ich folge ihm und tue alles für ihn. Ich selber habe das in meinen jungen Jahren auch zweimal erlebt: Obwohl ich deutlich signalisiert habe, dass ich, bei aller Freundschaft, überhaupt nicht das Gleiche für sie empfinde, hat das überhaupt nichts bewirkt, und es hat dann Jahre gedauert, bis diese Frauen losgelassen haben.

Hingabe

»Liebe setzt ein Ich voraus, das einen festen Halt in sich selber hat und gleichzeitig für die Hingabe an ein Du offen ist. Das Ich braucht Festigkeit und Durchlässigkeit.« (N)

»Nur die wirkliche, uneigennützige Hingabe an das Du bewirkt Einsicht in das Selbst.« (N)

»In der Hingabe an das, was wir nicht mehr von anderen Menschen bekommen, sondern aus uns selber entwickeln, beginnt unsere Energie wieder zu strömen«, schreiben Sie in »Das Nein in der Liebe«. Sind wir denn ein ewig sprudelnder Brunnen, der nie versiegt? Brauchen wir nicht doch ab und zu eine »Tankstelle«, einige Impulse, Blicke, Worte, Gesten von außen?

Ich glaube schon, dass wir Impulse, ermutigende Worte, ein Lächeln, Gebärden brauchen – nur würde ich das nicht als »Tankstelle« bezeichnen. Denn wir sind als erwachsene Menschen nicht mehr völlig darauf angewiesen. Ein kleines Kind braucht das unbedingt, wenn es das nicht hat, wird seine Entwicklung blockiert. Und es kommt in eine unglaubliche Unruhe und versucht das alles zu bekommen, und wenn es das nicht bekommt, dann gerät es in den Zustand, den man »narzisstische Wut« nennt – eine ohnmächtige, verzweifelte Wut. Wenn die es auch nicht bringt, gerät es in eine tiefe Resignation und Verstimmtheit, in eine autistische Haltung des In-sich-Verkrümmtseins.

So ausschließlich wie kleine Kinder sind wir nicht mehr auf diese Impulse von außen angewiesen. Es gibt ja Menschen, denen sie in der Kindheit gefehlt haben und die dann ständig Lob und Anerkennung suchen – und ohne können sie überhaupt nicht existieren und keinen Schritt tun. Sie haben keinerlei Initiative, wenn nicht ständig dieser Zuspruch von außen kommt. In solchen Fällen ist es wirklich so, dass der Zuspruch so etwas wie eine Tankstelle ist, wo Benzin gepumpt wird, und solange das Benzin reicht, fährt das Auto; wenn der Tank leer ist, fährt es nicht mehr. Deswegen ist der Ausdruck »Tankstelle« problematisch: Er weckt in mir diese Assoziation.

Bei solchen Menschen ginge es darum, dass sich nach und nach ein spürendes Ich heranbildet, das mehr und mehr Halt verleihen, das zunehmend das wirklich verinnerlichen kann, was von außen auf es zukommt. Das sind aber so tief gehende Störungen, dass das nie so weit gelingen wird, wie das bei jemanden der Fall ist, der genügend Urvertrauen mit auf den Weg bekommen hat, der also von früh eine warme Antwort auf die eigenen Lebensäußerungen erfahren hat, der zu eigenen Wachstumsgebärden und Worten ermutigt wurde, der sich also im Außen spiegeln konnte. So selbstverständlich wird das für jemanden mit einer tiefen Verlassenheitsstörung nie sein. Aber ich habe feststellen dürfen, dass sich Vertrauen doch noch bis zu einem gewissen Grad entwickeln lässt, meistens bis zu dem Punkt, der nötig ist, dass eine einigermaßen autonome Persönlichkeit hervorgeht, die sich nicht permanent von anderen abhängig macht. Denn, wenn wir ständig auf Unterstützung und Ermutigung, Anerkennung und Lob angewiesen sind, dann sind wir völlig abhängig und reagieren äußerst sensibel und sind am Boden zerstört, wenn mal eine Kritik kommt. Auch davon sind wir dann so abhängig, dass wir niemand mehr sind, wenn man uns ablehnt. Es kommt bei solchen Menschen dann auch oft zu Ausbrüchen narzisstischer, zerstörerischer Wut – gegen andere oder gegen sich selbst.

Mithilfe des Spürbewusstseins und der Resonanz können sich aber selbst solche Menschen mit sich selbst versöhnen: Wenn sie nämlich bewusst erleben, dass jemand da ist, der mit ihnen mitschwingt und mitgeht genau dort, wo sie früher Isolierung und Einsamkeit erfahren haben, dann ist das eine wesentliche Erfahrung, die nicht nur einmal, sondern öfters stattfinden muss, um zu tragen.

»Nirgends erleben wir schließlich diesen Morgenglanz, diese Erfrischung und Belebung, Schöpfungsfreude und Neugeburt stärker als in der Hingabe an die Zerstörung des Ich oder in der Hingabe an das Du …«, schreiben Sie in »Das Nein in der Liebe«. Das sagen auch viele Gurus: »Gib dein Ich auf!« Wieso aber sollte das Ich schlecht sein? Fällt da nicht der Unterschied weg? Und auch die Frage: »Warum liebe ich gerade diesen Menschen?« fällt weg.

Über die Zerstörung des Ich habe ich im Zusammenhang mit den Partnerschaftskonflikten schon gesprochen – dieser rätselhafte, aber doch auch verständliche Drang in einer Partnerschaft, alles Bisherige radikal zu zerstören und vielleicht dadurch einen Neuanfang zu ermöglichen. Das allerdings reicht nicht aus, um zu verstehen, was ich unter »Zerstörung des Ich« verstehe. Wir können das Ich unter zwei Gesichtspunkten sehen: erstens als Zentrum des Bewusstseinsfeldes, so hat es C. G. Jung beschrieben, ein Zentrum, das die Unterscheidung von außen braucht, eine zum Teil künstliche Grenze nach außen, eine defensive Grenze, eine nach außen hin gerichtete Grenze, um überhaupt Stand zu halten. In diesem Zusammenhang verstehe ich unter Ich nicht dieses mit dem Ganzen, mit der Welt oder einem anderen Menschen wirklich in Resonanz verbundene Ich, sondern letztlich ein nicht verbundenes Ich.

Wenn ich von dem Ich im ersten Zusammenhang spreche, so meine ich, dass dieses Ich durchaus, nach und nach, aufgelöst werden kann. Auch Kollegen von mir haben diese meine Formulierung »Zerstörung des Ich« angegriffen – ich gebrauche diesen Ausdruck aber in Zusammenhang mit Beziehung: Zerstörung des Ich ist ein gewaltsames Durchbrechen und Aufbrechen von alten Grenzen im ekstatischen Ergriffenwerden durch einen anderen Menschen. Diese Art von Hingabe und Öffnung hat etwas Gewaltsames an sich, insofern sehr viele Widerstände zu überwinden sind, viele Gegenkräfte. Und auf einmal kommt da etwas auf einen zu, das wirklich zu einer Zerstörung führt. –

Ich versuche ja immer eine Sprache zu sprechen bzw. zu schreiben, die eine Erfahrungssprache ist. Sie ist also keine wissenschaftliche Sprache in dem Sinne, dass sie die Realität, die sie meint, objektiv und von außen beschreibt. Wobei ich meine, dass eine Erfahrungssprache, die sich der Realität von innen nähert, letztlich wissenschaftlicher ist als eine objektivierende Sprache. Denn: Wie können wir aufrichtig von einem Subjekt sprechen, wenn nicht in einer subjektiven Erfahrungssprache? – Für mich jedenfalls ist sie die einzig vertretbare Art, zu sprechen und zu schreiben. Es kann zur Erfahrungstatsache werden, dass das Subjekt nicht nur ich bin, sondern ein größeres Ganzes: ich, du, die Welt ...

Da gibt es aber dann noch das andere »Ich«, das im Wesentlichen nicht viel anderes bedeutet als das, was im Buddhismus »Achtsamkeit« genannt wird: Es weist eher auf eine Haltung der Gesamtpersönlichkeit hin. Es meint eine Aufmerksamkeit unseres ganzen Wesens und ist also nicht als ein abgegrenzter Bezirk einer Persönlichkeit zu verstehen. Wenn ich jetzt vom Ich in diesem zweiten weiteren Sinne spreche, so meine ich nicht mehr das Zentrum meines Bewusstseinsfeldes, sondern ich meine die subjektive Haltung einer möglichst umfassenden Achtsamkeit, die Bereiche mit einbezieht, die bisher eher nur dem Unbewussten und dem Außen zugerechnet wurden.

Wenn ein Mensch in dieser Weise aufmerksam und achtsam ist, so wird er in einem bestimmten Moment Dinge bei sich und äußerlich wahrnehmen, die er in einer bloßen Bewusstseinsfixierung nicht wahrnehmen kann. Es ist eine umfassende Achtsamkeit – ich nenne sie Spürbewusstsein, um klarzumachen, dass es dabei wirklich um ein Bewusstsein geht, und es ist wichtig, das zu unterstreichen, denn ich erinnere an einen Ausspruch von C. G. Jung, der sagte: Das, was die Buddhisten Bewusstsein nennen, ist eigentlich Unbewusstheit. Und für mich ist das ein Bewusstsein in einem umfassenden Sinne – Spürbewusstsein. Ich betone dabei das Spüren, weil in der Entwicklung der westlichen Philosophie und des westlichen Menschen überhaupt Bewusstsein immer mehr auf die Ratio, auf das Verstehen begrenzt wurde, und das Bewusstsein, das in jeder Zelle unseres Körpers ist, das in allem ist, was wir sind, denken, fühlen, empfinden, gar nicht mit einbezogen wird. Im Abendland wurde das Bewusstsein nicht aufs menschliche Spüren ausgedehnt – deshalb ist es mir so wichtig, diese beiden Worte zusammen zu bringen: Spüren und Bewusstsein. Und es gibt auch noch einen weiteren Grund: Weil ja Bewusstsein meist, wie es bei uns verstanden wird, mit einer gewissen Distanz zu einer Sache verbunden wird, das sagt C. G. Jung auch: Buddhistisches Bewusstsein kann gar nicht Bewusstsein sein, weil es distanzlos ist, weil es nicht über die nötige Distanz verfügt, um sich über ein Ding, einen Sachverhalt oder eine Situation auszulassen. Deshalb spreche ich von Spürbewusstsein, weil es genau dieser Distanz nicht bedarf, sofern man wach und von innen heraus lebt. – Selbst das reflexive und beobachtende Bewusstsein, das Distanz braucht, muss dem Spürbewusstsein zugeordnet werden. Es darf also von der leiblichen Erfahrung nicht abgespalten werden.

Wo bleibt aber dann das Individuelle, die eigene Natur? Man liebt ja den anderen, weil er ein einmaliges Ich hat?

Unsere Einmaligkeit hängt nicht mit bestimmten objektivierbaren Inhalten zusammen, sondern mit einer individuellen Selektion, die wir innerhalb des Ganzen vornehmen, mit dem, was wir entsprechend unserer Eigenart stärker spüren, wahrnehmen, leben, womit wir als Einzelne in uns selber und in der Welt in Resonanz treten. Und Resonanz ist immer selektiv – entsprechend den eigenen Grenzen. Natürlich hat jedes Individuum als Potenzial das Ganze in sich: Wir sind mit jeder Faser oder Zelle, mit allem, was im Universum ist, durchaus potenziell verbunden. Aber jedes Individuum hat einen eigenen Weg und trifft eine individuelle Auswahl.

Esoterische Kreise propagieren ja gerne eine Art Verschmelzungsphilosophie: Wir sind alle eins! – Wohin mit den Differenzen, die es doch zwischen den Individuen allemal gibt?

Unsere Wahrnehmung, unser Bewusstsein ist immer polar – wir sind auf die Differenz angewiesen. Und diese Art von Verschmelzung ist Regression – Regression ins Ursprungsparadies. Aber es geht nicht darum, ins Ursprungsparadies zurückzukehren, sondern in ein Zukunftsparadies hineinzuwachsen und da ist dann Verbindung ohne symbiotische Verschmelzung angesagt – da ist Resonanz möglich: eine Bezogenheit zwischen sehr verschiedenen Persönlichkeiten und Wegen, die miteinander in einer differenzierten Weise verbunden sind. Das ist dann eine Ent-Ichung unter Einbezug der eigenen Differenz.

Bei Gurus ist mit der Forderung: »Entiche dich!« unbewusst und unausgesprochen oft der Anspruch verbunden: »Entiche dich für mich!« Also bleib abhängig! Da steckt ein Autoritätsanspruch dahinter – das ist dann eine Entichung im Sinne von Hörigkeit. Andrea de Carlo beschreibt dieses Phänomen wunderbar in seinem Buch »Der Guru«: Ein alter indischer Guru in Amerika hat um sich herum eine Gemeinde geschart. Alle verehren ihn und jedes Wort, das er ausspricht, wird mit allergrößter Ergriffenheit aufgenommen; es geschehen auch »Wunder« – hysterieforme Erscheinungen, d. h. Konversionssymptome werden durch seinen suggestiven Einfluss aufgelöst. Ein junger Mann aus Mailand besucht eines Tages Verwandte, die sich in dieser Gemeinde befinden. Zuerst kritisiert er alles, was wir auch an diesem Guru kritisieren würden. Aber irgendwann plötzlich, weil auch er so ein Wunder bewirkt, ohne es beabsichtigt zu haben, und weil der alte Guru fast gleichzeitig stirbt, wird er selber zum Guru erkoren – und findet sich dann wunderbar in diese Rolle ein.

Dieses Buch kann man jenen Menschen empfehlen, die die Tendenz haben, sich hörig zu machen. Denn wehe man sagt so jemandem: »Du bist hörig!« Das löst eine heilige Empörung aus.

Genauso empört nehmen sich Hellinger-Jünger aus, wenn man ihnen sagt, sie seien hörig ...

Das deckt ein unglaubliches Bedürfnis nach dem Messias, nach dem Erlöser auf. Wir sind eigentlich heute in einer ähnlichen Situation wie die Menschen zur Zeit Jesu: Auch damals wurde ein Messias erwartet, und es war auch eine Zeit des kulturellen und politischen Umbruchs, eine Zeit, in der sich die alten republikanischen Werte des Römischen Reichs auflösten, in der das Kaisertum immer dekadenter wurde. Also – ein sehr günstiger Boden! Nur so können wir es uns erklären, dass das Christentum überhaupt Fuß fassen konnte.

Heute zeichnet sich eine vergleichbare Sehnsucht ab nach jemandem, der Halt bietet, nach dem man sich endlich orientieren kann in einer Zeit des Werteverlustes, der Ordnungen auch in der Liebe für alle gültig erklärt.

Wenn der verbindende Eros unsere Lebensgestaltung prägt, dann lieben wir alles und jegliches – womöglich tolerieren wir einen ekelhaften Chef oder unterstützen eine marode Gesellschaft ...

Wir müssen im Eros eine klare Unterscheidung zwischen Verliebtheit und Liebe vollziehen.

Dass alles rosarot gefärbt ist, passt zum ersten Stadium der Verliebtheit, aber nicht zu einer reifen Liebe. Als Verliebte können wir zwar verschmelzen, aber wir können uns nicht verbinden. Verliebtheit verbindet nicht zwei reife autonome Individuen, sondern sie lässt alles in einer rosa Wolke aufgehen. Und es kann durchaus sein, dass wir in einem Stadium der Verliebtheit einen ekelhaften, egomanen Chef umarmen möchten. Aber solche Verliebtheiten dauern nicht lange und der Chef wird dann sehr bald wieder ekelhaft, vielleicht ekelhafter als vorher.

Zur Liebe gehören die selektive Resonanz sowie die Kritikfähigkeit. Das heißt, wenn ich in Resonanz trete mit einem geliebten Menschen, dann verbinde ich mich mit dem, was in mir anklingt und der Entwicklung bedarf. Aber es gibt Dinge, mit denen ich mich nicht verbinde, denn was die Wachstumsimpulse betrifft, so ist meine Resonanz selektiv. Ich bin zwar mit dem anderen als ganzer Mensch, auch mit seinen schwierigen Seiten, verbunden und setze mich einem Geheimnis aus, das ich nicht ganz verstehe. Das, was aber wirklich in mir in Resonanz gerät, das ist etwas Bewusstes, was ich auch benennen und erklären kann, das hat nichts zu tun mit einer Verschmelzung, die vergleichbar wäre mit einem Zustand, in dem ich mich betrinke oder eine Droge zu mir nehme.

Mit Ecstasy zum Beispiel erleben Menschen tatsächlich eine All-Versöhnung und -verschmelzung. Aber woran liegt das? Bei einem Ecstasy-Trip tritt eine deutliche, körperlich wahrnehmbare Aggressionshemmung ein. Wenn man jemanden danach fragt, was er während des Trips körperlich erfahren hat, so sagt er unter anderem, dass die Kiefermuskulatur sich total verspannt hat: Es sind also genau jene Partien im Körper verspannt, durch die Aggression abgeleitet wird, und deswegen erscheint ihnen alles rosarot. Das ist in einer Verliebtheit ähnlich – die Aggression ist lahm gelegt und das Gefühl »Seid umschlungen Millionen!« ist da. Aber genauso wie ein Trip vorbeigeht, geht auch die Verliebtheit vorbei.

»Doch gibt es tatsächlich Menschen die jede Art von Verschmelzung mit anderen Menschen meiden müssen, weil der Ich-Verlust bei ihnen etwas gefährlich Endgültiges hat ... Ihrer Hingabe fehlt das wache Bewusstsein ...«, schreiben Sie in »Das Nein in der Liebe«. Mit wachem Bewusstsein sich hingeben, was heißt das? Ist das dann noch Hingabe, wenn da noch so etwas wie eine Kontrollinstanz aktiv bleiben soll?

Als ich »Das Nein in der Liebe« geschrieben habe, hatte ich den Begriff des Spürbewusstseins noch nicht geprägt. Heute würde ich eher sagen: Ihrer Hingabe fehlt das wache Spürbewusstsein.

Es gibt in der Tat hypersensible, äußerst dünnhäutige Menschen. Sie haben nicht nur den Verlust des Ich im ersten Sinn, wie ich das gerade erklärt habe, zu befürchten, sondern eben auch den Verlust des Ich als Subjekt des Spürbewusstseins. Solche Menschen müssen außerordentlich sorgfältig sein in der Art und Weise, wie sie sich an andere binden. Wegen ihrer Dünnhäutigkeit, ihrer extrem entwickelten Sensibilität, wird die natürliche Grenze der Persönlichkeit sehr leicht durchlöchert. Da werden dann Erfahrungen gemacht, die vordergründig einiges verwandt haben mit mystischen Erfahrungen: Wenn man Gaetano Benedettis Buch »Todeslandschaften der Seele« liest und die Begriffe, die er da für Psychose gebraucht, mit denen vergleicht, die von Mystikern verwendet werden, dann kann man einige Parallelen feststellen: Spiegelexistenz, Verlust, Leere, Nichts, keine Substanz – alles Begriffe, die sowohl Schizophrene gebrauchen, wenn sie von ihren Erlebnissen sprechen, als auch Mystiker. Aber es gibt natürlich einen großen Unterschied: Der Mystiker ist nämlich spürbewusst – er ist voller Achtsamkeit, gerade auch in der dunkelsten Nacht der Seele ist ein Subjekt da, während beim Psychotiker dies Subjekt nur durchlöchert und sehr mangelhaft vorhanden ist. Ich habe mit Psychotikern gearbeitet, das waren zum Teil künstlerisch hoch begabte Menschen, aber von ihrer Persönlichkeit her konnten sie es sich nicht erlauben, sich vorbehaltlos auf andere hin zu öffnen. Aber auch hier ist eine Entwicklung möglich.

Ein Beispiel, das mir einfällt: Ich erinnere mich an eine 32-jährige Frau die mit 24 Jahren geheiratet hat. Sie kam direkt aus dem Elternhaus in die Ehe und war ihrem Mann gegenüber genauso hörig wie vorher ihren Eltern gegenüber. Sie hatte also nie eine Phase von genügender Autonomie durchgemacht. Sie blieb Mädchen – puella, und fühlte sich völlig angewiesen auf ihren Mann. Sie hat zwei Kinder geboren. Und nach der Geburt des zweiten Kindes hatte sie einen psychotischen Schub, eine postnatale Psychose. Sie kam in die Klinik, bekam da auch Medikamente, musste die regelmäßig nehmen und nimmt sie heute noch in verminderter Dosis. In der Arbeit mit ihr war es wichtig, das Spürbewusstsein für sich selber nach und nach auf eine sehr feine Weise zu entwickeln – in Mini-Sequenzen des Körpers und verlangsamten Gebärden. Zum Beispiel – ein allmähliches Öffnen der Handfläche zu spüren. Im Lauf der Zeit machte sie das dann fähig, in der Ehe ein wirkliches Gegenüber zu werden; sie muss sich aber immer noch mehr schützen als andere.

Vielleicht weil ich keine besonders guten Fälle kenne, vertrete ich persönlich, was das Verabreichen von Psychopharmaka angeht, eine radikale Meinung: Ich würde sie verbieten, wenn's in meiner Macht stünde. Es ist die Ohnmacht einer Gesellschaft, die mit ihren »Kranken« nicht zurechtkommt und sie deshalb mit Medikamenten ruhig stellt. Diese Frau müsste ihrer Psychose ein Heiligtum errichten, durch sie hat sie doch zu sich selbst gefunden …

Ich habe vor längerer Zeit auch diese radikale Ansicht geteilt, mittlerweile sehe ich das etwas differenzierter. Mir ist klar, dass es auf keinen Fall darum gehen darf, jemanden so zu dämpfen, dass er nicht mehr in der Lage ist, ein lebendiges Leben zu leben – wie in dem Film »Einer flog übers Kuckucksnest«, das ist das Paradebeispiel für diese Art von Psychiatrie.

Aber auf der anderen Seite müssen wir auch sagen: Gäbe es keine Medikamente, wären unsere Psychiatrien Irrenhäuser, wie sie es früher waren, wo Menschen in stereotypischen Bewegungen verfangen bleiben, in Schreianfälle oder Tobsuchtsanfälle ausbrechen, in schwerster depressiver Stimmung ständig gefährdet sind, suizidalen Affekten nachzugeben usw. Das ist auch eine Realität, die wir nicht übersehen dürfen. Dank der Medikamente ist es möglich, dass die allermeisten Patienten in ein einigermaßen normales Leben hinauskommen. Und es ist wirklich ein großer Fortschritt geschehen in den letzten Jahren in Bezug auf die Art der Medikamente und in Bezug auf deren Dosierung: Ein verantwortlicher Psychiater heute versucht wirklich, die Dosierung so niedrig wie möglich zu halten, und zwar so, dass ein Patient überhaupt therapiefähig wird. Denn in einem psychotischen Schub ist es gar nicht möglich, eine Therapie anzufangen, weil das Ich außer Kraft gesetzt ist. Aber die Dosierung darf dann wiederum auch nicht so stark sein, dass jemand betäubt und wie ein Roboter durch die Welt läuft.

Ich kenne sehr viele Menschen, die nun ein normales Leben führen – sowohl mit ihrer Familie, als auch in ihrem Beruf. Kaum jemand weiß, dass sie Medikamente nehmen. Und dank dieser Medikamente können sie ihr Leben auch in ihren eigenen Gefühlen wirklich leben. Man darf also diesbezüglich nicht alles verteufeln. Aber es gilt: sobald wie möglich Medikamente absetzen ...

Natürlich kommt auch immer wieder die Frage auf: Ist es wirklich so, dass die gesellschaftlichen Umstände Ursache von

Psychosen sind? Klar sind gewisse Familienstrukturen verantwortlich zu machen, aber auch gewisse Dispositionen im Individuum. Diesbezüglich gibt es viele Untersuchungen von getrennten eineiigen Zwillingen, die in völlig unterschiedlichen Verhältnissen aufgewachsen sind. Und man hat auch in solchen Fällen eine erhöhte Disposition für Psychosen festgestellt.

Ein weiterer Aspekt dieses Themas ist, wie wir in der Gesellschaft mit so genannten »irren« Menschen leben. Früher waren das Sonderlinge, die teils als etwas Besonderes oder sogar als Heilige betrachtet wurden – man hat sie gescheut und hatte gleichzeitig großen Respekt vor ihnen.

Vielleicht sind gerade die so genannten »Irren« gesund – denn das ist doch eine gesunde Reaktion, wenn etwas so sehr in einem rebelliert, dass man tatsächlich was ändern muss – die Depression oder Psychose eines Menschen sind doch dann das Gesundheitsindiz eines Menschen ...

Ich habe über längere Zeit mit einem jüngeren Ingenieur gearbeitet – ich kannte seine Lebensumstände, seine Biografie, seine Familie. Wenn ich nun nicht gewusst hätte, dass er depressive Phasen hat, hätte ich gesagt: Da ist alles in Ordnung. Es gab keine äußeren Umstände, die zwingend in eine Depression hätten führen können. Jedes Jahr im Herbst fiel dieser Mann in eine Depression und konnte nicht mehr arbeiten – er musste sein Büro schließen, weil er völlig antriebsarm war. Die Depression kam meistens plötzlich – von einem Tag auf den anderen. Ich habe mir das auch genauestens angeschaut, ob am Tag oder an den Tagen davor etwas Besonderes vorgefallen war, aber nein – es kam ganz plötzlich und unmotiviert. Es war für ihn in jeder Hinsicht eine existenziell bedrohliche Geschichte, dass er für zwei, drei Monate einfach ausfiel.

Auffällig ist bei solchen so schwer einfühlbaren Depressionen, dass, wenn die Depression einmal vorbei ist, oft nicht das geringste Bedürfnis besteht, das zu verarbeiten, was war. Dann ist das alles einfach vorbei – wie eine Krankheit. Und die Erinnerung daran ist gar nicht mehr richtig da – für eine Erinnerung ist nämlich eine gewisse Verbindung zu den Emotionen nötig.

Auch im Falle meines Patienten, des Ingenieurs, war es so: Er konnte sich gar nicht mehr in die Stimmung hineinversetzen, die da geherrscht hat. Aber es war durchaus möglich, mit ihm zu arbeiten, und zwar so, dass schließlich diese Phasen nicht mehr in der alten Stärke kamen und er sein Büro nicht mehr schließen musste. Da haben wir mit ganz minimalen, feinen Spürschritten miteinander gearbeitet. Und das zeigt, dass sich etwas machen lässt, und dass man mit Depressionen sehr differenziert umgehen muss und nicht alles über einen Kamm scheren darf.

»Dass ich vom Liebenden zum Hassenden geworden bin, ist das schmerzhafteste Eingeständnis meiner Begrenzung. Ich spüre, dass das Du auch ein Teil meiner selbst war, sonst hätte ich es nicht geliebt; aber meine Hingabe war begrenzt: an das Du und an jenen Teil in mir selber, der dem Du entspricht«, heißt es in »Das Nein in der Liebe«. Müsste ich mich dann also schuldig fühlen, wenn ich mich von jemandem trenne so, als hätte ich es nicht vermocht, mich ganz hinzugeben, als wäre ich nur begrenzt vorhanden gewesen?

Manchmal ist in Therapien ein wesentlicher Faktor folgende Wahrnehmung: Ich bin ein begrenztes Wesen, meinem Leben sind vielerlei Grenzen gesetzt, auch meine Eltern haben mich nur mit ihren eigenen Grenzen prägen können, meine Erzieher ebenso, von meiner Gesundheit, meinen Anlagen und Begabungen sind mir auch Grenzen gesetzt. Die letzte Grenze ist der Tod. Die Einsicht in die eigene Begrenzung kann oft befreiend wirken, gerade weil Menschen Schuldgefühle haben und sich sagen: »Es wäre doch eigentlich möglich gewesen, wenn ich das alles gewusst hätte, was ich jetzt weiß ..., diese Trennung zu vermeiden«. Dann plagen sie sich mit Gefühlen des Ungenügens. Und in solchen Fällen ist die Feststellung, dass die Begrenztheit ein Existenzial ist, befreiend: Es gibt diese Tatsache der Begrenzung, und dazu gehört eben die Einsicht, dass ich nicht jederzeit alles bereits wissen und nicht alle Möglichkeiten ausschöpfen kann. In mir ist zwar ein Entwicklungspotenzial angelegt, aber aufgrund meiner konkreten Umstände und meiner Individualität konnte ich in einem bestimmten Augenblick nicht alles aktivieren.

Es geht auch hier um das nicht wertende Einverständnis mit der Realität: Das mir damals Mögliche habe ich getan, und Trennung war für mich die bessere Lösung. – Das ist eine Nuance, die für viele Menschen sehr wichtig ist, damit sie sich nicht ein Leben lang beschuldigen, was sie alles falsch gemacht haben oder was sie alles noch hätten tun können.

Aber in der Hingabe zwischen zwei reifen Menschen, erfährt man da überhaupt noch Begrenzung?

Wenn ich von Hingabe im Buch »Das Nein in der Liebe« spreche, dann meine ich immer eine reife, bewusste Hingabe, also nicht ein Sich-Verlieren, keinen Selbstverrat, keine Hin-weggabe. Ich meine eine wache Hingabe. Und wenn ich als Person in vielerlei Bereichen noch nicht wach bin, vieles im Schatten oder Dunkeln liegt, ist diese reife Hingabe gar nicht möglich. Doch jederzeit gibt es Grenzen.

Sie schreiben auch, dass sich Fremdheitserlebnisse gegenüber einem Menschen nur dann einstellen würden, wenn es an Hingabe fehlt ... Aber eine Beziehung braucht doch solche Erlebnisse?!

An einer anderen Stelle im »Nein in der Liebe« schreibe ich dann wiederum auch, dass Fremdheit zu jeder Beziehung gehört. Konkret gesprochen: Nehmen wir an, ich leide so stark unter Aggressionshemmungen, ich habe solche Ängste, meine Wut oder meinen Zorn zu äußern, dass ich alles, was beim anderen nach Aggression riecht, sofort als etwas Fremdes von mir weisen muss – dann mangelt es mir in dieser Hinsicht an Hingabe an den anderen. Ich bin noch nicht in der Lage, in der Aggression des anderen auch etwas zu finden, womit ich in Resonanz treten kann, wo ich merke, das ist auch in mir, da schwingt auch etwas in mir mit; nur so könnte sich das Gefühl von Verbindung, von Vertrautheit einstellen. Aber ich wehre es ab, und dann ist mir der andere in dieser Hinsicht fremd.

Oder aber eine andere Möglichkeit: Ich agiere mit. Der andere ist in einer völlig kindischen und unbewussten Weise wütend, ohne in ein Gespräch mit mir kommen zu wollen, ich beherrsche mich eine Zeit lang, doch irgendwann platzt mir der Kragen, und ich werde auch wütend, fange an zu brüllen und bin genauso blöd, unvernünftig, nicht wirklich situationsbezogen wie der andere. Dann stellt sich auch ein Fremdheitserlebnis sowohl mir als auch dem anderen gegenüber ein. Ich habe dann das Gefühl, außer mir gewesen zu sein – ich war nicht bei mir, weil ich den Kontakt zu mir selber verloren habe. Es ist zwar in mir eine Wut, aber ich habe sie so gelebt, als würde sie aus einer Teilpersönlichkeit von mir kommen. Ich habe sie komplexhaft gelebt und nicht angeschlossen an meine Gesamtpersönlichkeit. So ist mir dann manchmal auch mein eigenes Verhalten fremd, peinlich und unangenehm im Nachhinein.

Es ist aber etwas anderes, wenn ich zu jemandem sage, er sei mir fremd im Sinne von, er sei ein Geheimnis für mich – das ist eine existenzielle Fremdheit, und die ist belebend. Und es ist wiederum etwas anderes, wenn ich den anderen verteufele, dies wäre jene Art von Fremdheit, um die es mir nicht geht – sie ist nämlich eine Form von Abwehr. Das Gegenteil davon wäre Masochismus: Mit dem anderen in der eigenen Zerstörung zu verschmelzen – auch hier Identifikation mit dem Aggressor. Man muss da wirklich merken, wie wichtig es ist, einen Strich zu ziehen und sich abzugrenzen: das Gefühl der Fremdheit als Ausdruck der eigenen Individualität.

Ich habe neulich eine TV-Sendung gesehen, da ging es um eine albanische Prostituierte, die von ihrem Zuhälter nach Italien verschleppt wurde und die diesem Mann völlig hörig war. Sie wurde immer unglücklicher. Dann, nach langer Zeit, hat sie mit einem Freier zum ersten Mal ein Gespräch geführt – es braucht also nicht immer Therapeuten. Sie schilderte ihm ihre Situation, und der Freier war so berührt von der Geschichte, dass er mit ihr zusammen einen Plan ausheckte, um sie da herauszubekommen, was sehr schwierig war, weil die Frau Tag und Nacht überwacht wurde. Aber schließlich gelang die Flucht, und sie sind 300 km weit weg gefahren. Die Frau nahm dann einen anderen Namen und einen anderen Beruf an.

Diese Frau musste sich unbedingt abgrenzen – sie musste merken, dass ihre Hörigkeit die Hörigkeit eines Kindes war, dass sie keine erwachsene Frau war. – Das erinnert auch an Märchenmotive, wo Frauen flüchten müssen vor einem bösen übermächtigen Dämon und Dinge hinter sich werfen, die oberflächlich sind, die nicht wirklich zu ihrem Wesen gehören – zum Beispiel einen Kamm, der dann zu einem großen Berg wird, und der Dämon hat große Schwierigkeiten, diesen Berg zu überwinden, oder einen Schleier, der zu einem dichten

Wald wird, worin sich der Dämon auch nicht zurechtfindet. Bis sie dann aus dem magischen Bereich des Dämons entschwunden ist.

Es braucht manchmal diese totale Abgrenzung.

Man hat vielen Frauen »Hingabe« gepredigt – bis zur Selbstaufgabe bzw. Selbstzerstörung. So kommt es bis heute, dass sie ihre innere Stimme, die ihnen zuflüstert: »Halt Abstand von diesem Menschen!«, ignorieren.

Ein Beispiel: Eine Frau liebt ihren Mann, obwohl er sie ein Leben lang schlecht behandelt – er hat sich ausgetobt, ist fremdgegangen usw. Sie verlässt ihn trotz allem nicht, und nach einem Herzinfarkt, den er erleidet, pflegt sie ihn auch noch liebevoll. Ist das nun Hingabe? Oder eher Ohnmacht? Und wo bleibt ihre Selbstliebe – oder liebt sie sich schon so sehr selbst, dass sie vor lauter Liebe überströmt?

Das Fatale ist in diesem Fall eine Vermischung in den Gefühlen der Frau: Man kann nicht einfach nur sagen – das ist Masochimus, Hörigkeit, Hin-weg-gabe, sondern es sind verschiedene Aspekte vorhanden: Es ist ein Kern von Liebe und Hingabe, aber auch Ohnmacht, Angst, Mangel an Selbstvertrauen, Schuldgefühle – und all das vermischt sich, und solche vermischten Gefühle sind am schwierigsten zu klären. Wesentlich wäre es herauszuarbeiten, was gerade ihr stärkstes Gefühl in der momentanen Situation ist. Was für Alternativen hat so eine Frau? Nehmen wir an, sie ist alt ... Ihr Mann ist jetzt schwer erkrankt, war ein ganzes Leben lang ihr gegenüber unbezogen, aber wenn sie ihn jetzt verließe, was hätte sie dann für Schuldgefühle? Also, obwohl ich keine Ratschläge erteile, ich würde mit Sicherheit dieser Frau nicht sagen: Verlass deinen Mann! Leider kommen solche Frauen ganz selten in Therapie. Frauen, die in Therapie kommen, sind solche, die einen kleinen Schritt in Richtung Autonomie bereits gemacht haben und auf dem Weg zu einem autonomeren Verhalten sind. Mit solchen Frauen ist es einfacher, die Frage anzugehen: Was ist jetzt dein stärkstes Gefühl? Ist es Liebe und spürbewusste Hingabe an diesen Mann, obgleich er dir viel angetan hat? Oder ist es: Ein klares Nein, ich muss jetzt gehen, ich pflege ihn noch oder ich kümmere mich, dass er gepflegt wird, aber wichtig ist für mich, dass ich weggehe!

Inwiefern kann ein »Nein« wie ein Blitz einschlagen und endlich das Spüren des eigenen Selbst mit seinen Befindlichkeiten möglich machen?

Dieses Nein gehört auch zum Ja der Hingabe, die Grenzen sprengt. Es ist Hingabe an das eigene Leben. Und das eigene Leben ist so gefährdet, dass die einzige Möglichkeit, es zu retten, genau die ist, die bisherige fatale sado-masochistische, destruktive Beziehung zu sprengen und aufzulösen. Das Nein ist also letztlich ein Ja. Und es ist sogar indirekt, auch wenn es auf Anhieb nicht so scheinen mag, sogar ein Ja für den anderen, weil dieser dadurch vor eine authentische wahrhaftige Situation gestellt wird: Er kann nicht mehr das alte Spiel weiterspielen.

Auch hier weigere ich mich, diese pauschale Unterscheidung zu treffen: Das Ja zu mir selbst ist ein Nein zum anderen; oder das Nein zu mir selbst ist ein Ja zum anderen! Das stimmt so nicht: Es ist immer beides, ein Ja und auch ein Nein, und immer geht es in erster Linie um das Ja, auch das Ja zum Nein. Also, das Ja in meinem Beispiel mit der Prostituierten ist ein Ja zur Abgrenzung – zur klaren Grenzsetzung.

»Außerdem wird die Liebe oft gerade durch die rätselhaftesten Eigenschaften im Du entzündet. Ein Mann wird trotz aller Psychologie nie ganz begreifen, warum er gerade diese Amazone liebt ... Wenn wir mit solchen Fragen nicht mehr weiterkommen, ist es klug, sie eine

Zeit lang nicht mehr zu stellen und uns mit unserer Liebe abzufinden. Das Verkehrteste, das wir tun können, wäre, den Partner durch Unterdrückung so lange zu bekehren, bis wir ihn ›verstehen‹.« Aber ich möchte doch verstehen, weshalb ich mit einem Menschen zusammen bin, obwohl er mich verletzt ... Ich möchte doch weiterkommen!

Verstehen und weiterkommen ist nicht unbedingt das Gleiche. Was ich an dieser Stelle in »Das Nein in der Liebe« geschrieben habe, ist kein Plädoyer für Unbewusstheit und nicht Verstehen-Wollen; es ist ein Hinweis darauf, dass die Resonanz mit dem anderen weniger über die Ratio geschieht, sondern eher übers Spüren. Wenn ein Mann in Resonanz mit seiner »Amazone« tritt, dann merkt er auch, was in ihm spürend lebendig wird. Es braucht natürlich eine Offenheit des Herzens. – Das Gegenteil wäre natürlich, sie zu sich selber bekehren zu wollen. Dadurch würde er sich auch einer eigenen Lebenschance berauben.

Das ist ein gegenseitiger Prozess, aber es ist wichtig, dass einer den Anfang macht und den anderen nicht mehr zu sich bekehren will, sondern zunächst einmal anerkennt, dass die Situation so ist, wie sie ist, dass sich völlig verschiedene Ansichten, Meinungen, Auffassungen gegenüberstehen – das einfach zur Kenntnis nimmt. Denn, wenn man unter solchen Umständen sich ständig rational fixiert, führt das zu gar nichts. Und es geht hier gerade um die Auflösung der rationalen Fixierung, die immer stark von Projektionen bestimmt wird. Man meint dann Beziehungsgespräche führen zu müssen, um irgendetwas lösen zu können, und verstärkt dadurch die Dissonanz noch mehr. Die Polarisierung, die da aufkommt, zeigt ganz deutlich, dass Beziehungsgespräche oft aus einem subtilen Abwehrmechanismus kommen: Sie dienen nicht der Beziehung selber, sondern sie wehren etwas ab – sie wehren die eigene Demütigung, das eigene Ohnmachtgefühl, die eigene Hilflosigkeit usw. ab. All das ist in uns selbst, deshalb – keine zermürbenden Beziehungsgespräche mehr!

In Tellaro an der ligurischen Küste saß ich mal in einem Café am Dorfplatz. Da bemerkte ich eine Frau, die mein Buch »Das Nein in der Liebe« in der Hand hielt und auf ihren Mann einredete, er müsse es sofort lesen, sonst würde sie noch heute verreisen. Auch dies wieder – ein unnützes Beziehungsgespräch, wo man mit Büchern und Argumenten versucht, die eigene Macht zu bestärken.

Wie soll das denn auf diesen Mann wirken? Ich muss dieses Buch lesen – das ist doch keine gute Voraussetzung, es zu lesen. Aber diese Art von Beziehungsgesprächen ist so verbreitet und sie haben noch nie etwas gebracht, sodass es gut ist, darauf zu verzichten.

Wenn ich ein Buch lese und sehr begeistert bin, dann möchte ich natürlich auch, dass mein Partner es liest. Und natürlich bin ich dann enttäuscht, wenn es ihm nicht gefällt. Das braucht dann nur noch einige weitere Male zu passieren. Und schon geht der emotionale Vorhang zu, wenn man plötzlich feststellt, dass der andere einem nicht verwandt ist ...

Ja, das ist ein anderer Fall, als der den ich vorhin erwähnt habe, denn Sie werden dem anderen nicht mit Bedrohungen ein Buch vor die Nase halten und sagen: »Das musst du lesen, sonst trenne ich mich!« Um seiner eigenen Autonomie willen kann der andere dann gar nicht anders, als Widerstand zu leisten – er liest es nicht oder es gefällt ihm nicht. Solche Dinge können ja nur in einem Klima der Freiheit geschehen, wo niemand sich durch den anderen gezwungen fühlt. Denn wenn man den anderen zwingt, geht es letztlich gar nicht mehr um das Buch, sondern um die Selbstachtung, die eigene Würde, das persönliche Sein, und das schlägt dann auf die

Art und Weise, wie der Inhalt des Buches aufgenommen wird, zurück.

Das Gleiche kann sich ja auch bei Musik ereignen. Mein Partner und ich haben auch nicht den gleichen Musikgeschmack: Er liebt Barockmusik, ich mag sie zwar auch, aber nicht so wie er. Ich bin kein Freund von Chormusik und höre lieber Instrumentalmusik. Er hingegen mag Chormusik. Da besteht wirklich die Gefahr, Musik zu entwerten, und zwar gar nicht so sehr, weil sie mir überhaupt nicht gefiele, sondern weil ich mich durch die Auswahl der Musik, die der andere für eine bestimmte Situation trifft, etwas missachtet fühle. Das sind alles ganz subtile Abläufe. – Der andere würde dann meinen, mir liege nichts an der Musik und wäre enttäuscht, dass ich ihm so fremd bin. Und so käme es zu einer künstlichen Polarisierung, weil es ja gar nicht stimmt, dass ich diese Musik überhaupt nicht mag. Also, da spielen sich in Beziehungen sehr feine Geschichten ab.

Man sieht in einem bestimmten Moment auch nur eine ganz bestimmte Facette des anderen, vergisst dabei, dass es auch andere gibt ...

Ja, man fixiert sich in solchen Beziehungsgesprächen wirklich nur auf ein einzelnes Detail und identifiziert dann die ganze Person des anderen mit diesem einen Detail. – Ich erinnere mich zum Beispiel an eine Frau, die ich in einer Gruppe hatte; sie war seit etwa zwei, drei Jahren mit einem Mann verheiratet, den ich auch kannte. Sie sah nur einen einzigen Aspekt in ihm: Sie warf ihm vor, ein puer aeternus zu sein. Er sei so unverbindlich. Und ich persönlich wusste genau, dass er keineswegs unverbindlich war, sondern dass er etwas bedrückt war, weil seine Partnerin eine gewisse Schwere hatte. Er spielte also zum Ausgleich sehr oft den Spaßvogel. Sie aber fixierte sich total auf dieses eine Detail und sah ihn dann nur noch durch dieses.

Und wir haben dann miteinander gearbeitet, und zwar gar nicht an der Beziehung, sondern an ihren Panikzuständen. Als die Therapie zu Ende ging und sie ruhiger und offener da sein konnte, also ganz anders als am Anfang, da hab ich sie gefragt: »Wie siehst du jetzt deinen Partner?« Und sie sah ihn plötzlich viel umfassender und differenzierter. Mit anderen Worten: Dieses Beispiel zeigt, dass solche Fixierungen in Beziehungsgesprächen auf ein einziges Detail sehr viel mit eigenen Ängsten zu tun haben: Ängste nicht gesehen, nicht geliebt zu werden, nicht für das genommen zu werden, was man ist, verlassen zu werden usw. Solche Themen werden noch viel zu undifferenziert angegangen.

Vielleicht hat es aber nicht unbedingt etwas mit Ängsten zu tun. Wenn einen wirklich etwas am Partner sehr stört, und man es auch vielleicht öfters erwähnt hat, dass es einen stört und der andere das überhaupt nicht ändern möchte und nicht sieht, was einen stört ...

Ja, nur wenn es mich so wahnsinnig stört, dann verliere ich mich meist in diesem Gefühl. Wenn ich dann aber einen Moment mit Geduld und innerer Disziplin abwarte, wo ich den anderen wieder lieb habe und ich mich mit ihm verbunden fühle, und es ihm erst dann sage, so ist die Chance, dass er es jetzt entgegennehmen kann, viel größer, als wenn ich es in einer Versteifung, in einem Affekt, in einem Gefühl gegen ihn äußere.

Wenn ich wirklich in mir selber mehr da bin und mich freier fühle, dann gibt es zwar auch Dinge, die mich stören und die ich dem andern in einem guten Moment mitteile, aber ich bin in meinem Innersten nicht mehr so total auf Widerstand aus und es affiziert mich nicht mehr so sehr. Vielleicht ist es kulturell zu weit gegriffen, aber ich möchte das trotzdem ansprechen: Wenn ich in mir selber wach bin, dann kann ich auch wirklich mitspürend da sein, ähnlich wie ein Bodhisattva,

»dessen Wesen Erleuchtung ist«. Und mit diesem Mitspüren meine ich auch: Kritik üben, mich auseinander setzen oder streiten. Aber es braucht dieses In-sich- und Bei-sich-Sein. Und diese doppelte Bedeutung finden wir nicht nur beim Bodhisattva: Wir finden es bei Christus – er ist der erlöste Christus, aber auch der leidende Christus am Kreuz, der den ganzen Weg des Fleisches geht. Oder bei Shiva mit seinen zwei Aspekten: Er wird als Shava und Shiva dargestellt – Shava ist der Leichnam, was nicht etwas Totes bedeutet, sondern der, der nicht mehr von äußeren Umständen affiziert wird, und Shiva ist der Gott im Kreistanz, der Schöpfer und Zerstörer. Oder wenn wir die Doppelsymbolik des Rades betrachten: Das Rad im Buddhismus ist einesteils das Samsara-Rad, das Rad der Wiedergeburten, das sich immer dreht – das ist die Beziehung in ihren alltäglichen Aspekten, in ihren Wiederholungszwängen, in dem, was wir alle mit unseren Partnern durchmachen und erleiden. Und dann gibt es aber auch den anderen Aspekt des Rades: das Rad der Erlösung und des Erwachens, was in Verbindung gebracht wird mit der Nabe des Rades, die unbeweglich in der Bewegung bleibt.

Es gibt in uns etwas, das selbst in der größten Bewegung, selbst wenn wir im Samsara drin sind, unbeweglich bleibt – unbeweglich bewegt. Und deshalb sind Samsara und Nirvana eigentlich das Gleiche. Diese beiden Aspekte finden wir auch in solchen ganz banalen Beziehungsgeschichten wieder.

Wenn man sich mit dem Partner streitet, ist der Streit nicht ein Ausdruck dafür, dass man den anderen nicht mehr liebt oder ihn nie geliebt hat und man sich über sich selbst ärgert, dass man ihn nicht lieben kann ...

Wenn ich so streite – das habe ich auch erlebt – und traurig und wütend bin, dass ich seit längerer Zeit schon nicht mehr viel Liebe für den anderen empfinde, wenn das bei mir Affekte auslöst, dann hat sich bei mir im Nachhinein gezeigt, dass das kein Ärger war über das, was gar nicht da war, sondern Ärger darüber, dass es im Moment so total verschüttet war. Denn wäre es überhaupt nicht da, gäbe es keinen Grund, sich zu streiten. – Also auch in so einer Situation ist das Ja präsent. Sie sehen, ich ergreife immer wieder die Partei des Ja.

Sie haben den Streit ja auch treffend »Negativorgasmus« genannt ...

Ja, um genau darauf hinzuweisen, dass in der Tiefe auch noch etwas anderes da ist. Aber das soll nun kein Argument dafür sein, dass eine Beziehung auf Biegen und Brechen aufrechterhalten werden muss. Ich möchte also nicht sagen: Weil sich hinter dem Streit doch noch Liebe verbirgt, sollten die beiden sich zusammenreißen und unbedingt wieder zusammenfinden. Es gibt Situation, wo es wirklich nicht weitergeht.

Wenn der andere nur anders ist und ich nichts mir Verwandtes oder Ähnliches entdecke, kann mir doch der andere nicht wirklich vertraut sein – wie sollte ich mich entspannen können? Und in einer Beziehung sollte das meines Erachtens möglich sein: sich zu entspannen und sich wohl zu fühlen ...

Der andere ist ja nicht nur anders, sondern in einer Beziehung ist immer auch das Verwandte, das Ähnliche, also ein gemeinsames Mittelfeld der Vertrautheit und Ähnlichkeit gefragt. Daneben gibt es eben auch Bereiche, wo der andere anders ist und fremd und geheimnisvoll bleibt.

Das Verwandte macht das Freundschaftselement in Beziehungen aus: ähnliche Interessen und Vorlieben. Das ist auch in den meisten Beziehungen vorhanden. Dieser Freundschaftsaspekt ist auch in der Partnerschaft nötig. Neben den anderen beiden Aspekten, über die wir bereits gesprochen haben: der Liebe (Agape) und dem Eros, bedarf es auch der Freundschaft (Philia). Der Philia-Aspekt zielt auf das Ähnliche in einer Partnerschaft. Wenn allerdings nur noch Philia da ist, dann kommt es zu einer Geschwisterehe. Dann fällt Eros weg, dann ist keine fruchtbare Spannung, keine Verschiedenheit mehr da. Es gibt nur noch das Vertraute. – Ich kenne sehr viele emanzipierte Frauen, die erfolgreich in ihrem Beruf sind, die ihre »Frau« stehen; viele haben eine große Neigung zu solchen Geschwisterehen, aber gleichzeitig eine tiefe Sehnsucht nach einer erotischen Beziehung. Mir fallen spontan mindestens zehn Frauen ein; ich habe aber noch nicht tiefer darüber nachgedacht, warum das bei solchen Frauen so ist. Ob das vielleicht daran liegt, dass sie in einer Geschwisterehe mehr Möglichkeiten zur eigenen Entfaltung sehen?

Vielleicht ist eine erotische Beziehung für sie viel zu gefährlich, weil sie viel zu verschlingend ist. Die Elemente wuchern in einem und man fühlt sich ausgeliefert. Während in einer guten Freundschaft – da fühlt man sich frei. Andererseits setzt eine erotische Beziehung sehr viel Energie frei – eben auch für die eigene Arbeit. Also stimmt das nicht ganz, dass eine erotische Beziehung den Beruf behindert.

Ich habe auch mehrere Paare gekannt, wo eine spannungsreiche, interessante, lebendige erotische Beziehung da war, die beide in ihrer Arbeit beflügelt hat. Zum Beispiel während meines Studiums in Paris habe ich solch ein wunderbares Paar getroffen: Sie war Philosophieprofessorin und er Historiker und ebenfalls Universitätsprofessor. Ich habe zuerst sie kennen gelernt, da sie Beisitzerin bei der Besprechung meiner Dissertation war. Diese beiden hatten wirklich eine intensive erotische Beziehung – das habe ich gespürt, aber gleichzeitig haben sie sich keineswegs in der eigenen Entfaltung behindert, im Gegenteil! Das war für mich eine vorbildliche Beziehung. Etwas

Ähnliches habe ich dann auch mit meiner Frau Heike erlebt. Eros und Freundschaft zu verbinden, ist schon möglich. Eine reine Geschwisterehe ist nämlich in gewisser Hinsicht schon sehr auf Abwehr bedacht, und die ist oft gar nicht mehr nötig.

In einer Geschwisterehe respektiert vielleicht der andere zu sehr das Bedürfnis nach Freiraum, den ich habe. Und dann taucht plötzlich in mir die Frage auf: Will ich überhaupt so viel Freiraum? Und die Bedenken: Kann es sein, dass der andere sich mit so wenig zufrieden gibt? Und schon habe ich Ansprüche ...

Ja, und wenn diese dann als Forderungen formuliert werden, stößt man auf Widerstand. Denn eine Forderung demonstriert Macht, die aber ihrerseits aus einem eigenen Gefühl der Bedürftigkeit und Ohnmacht entspringt.

Aber ich muss es doch dann den anderen wissen lassen, dass ich mir was anderes vorstelle – klar steht dann eine Forderung im Raum.

Im Gefühlsbereich habe ich kein Recht, irgendetwas zu fordern. Ich habe die Möglichkeit in einem guten Moment, in einem Moment der Verbindung, einen Wunsch auszusprechen.

Wenn ich natürlich ganz die Mentalität unserer Leistungsgesellschaft übernehme, dann kann ich sagen: »Das will ich! Das brauche ich! Das musst du mir geben!« Aber der andere muss gar nichts, genauso wenig wie ich. Durch solche Forderungen schränke ich letztlich nicht nur seine Freiheit ein, sondern auch meine. Das sind alles subtile Akzente, die erst verstanden werden, wenn man sich in das Klima von Liebe hineinbegibt. Auch darf man, selbst in einem stimmigen Moment, wo man sich vieles sagen kann, nicht davon ausgehen, dass es immer hundertprozentig zu dem führt, was man sich wünscht. Das braucht viel Stärke und das Gefühl: Ich bin nicht unbedingt auf den anderen angewiesen, ich brauche ihn nicht absolut. Es ist zwar schön mit ihm, ich bin gerne mit ihm; ich hätte so gerne, dass dieses oder jenes noch mehr leben könnte zwischen uns; jedoch bin ich letztlich nicht ganz darauf angewiesen. Das schafft ein Klima von Offenheit und Freiheit und ist die Voraussetzung für Wachstum bei einem selbst und beim anderen. Sobald Druck da ist, geht der innere Drang zurück. Dieser verschwindet in dem Maße, als der äußere Druck zunimmt.

Meine Schwierigkeiten und meine Unzufriedenheiten kann ich also in einer Beziehung durchaus artikulieren ...

Das war ja der Sinn des Titels »Das Nein in der Liebe«: Es ist in einer Partnerschaft möglich und nötig, Unzufriedenheiten unmissverständlich zu äußern und gleichzeitig dies in einem Klima der Liebe zu tun. Das ist eine Kunst – das Hauptanliegen einer Schule des Eros.

Inwiefern schadet zu viel Respekt und Bewunderung einer erotischen Beziehung?

Übertriebener Respekt und übertriebene Bewunderung sind zwei Formen von Idealisierung. Idealisierungen sind immer auch Projektionen: Man sieht nicht den Menschen, wie er eigentlich ist, sondern man projiziert in ihn seine eigenen Bedürfnisse nach einer idealisierten Gestalt. Man schafft dadurch eine eigene Abhängigkeit vom anderen, dadurch wird ein Machtgefälle geschaffen und man identifiziert sich dann mit dem anderen als Ideal.

Das Fatale an der Geschichte ist, dass jede Idealisierung einen Schatten hat – also ein unbewusstes Gegenteil. Hinter jeder Idealisierung ist auch Verteufelung. Manchmal schlägt dann die Idealisierung um. Und in beiden Fällen – egal, ob Idealisierung oder Verteufelung – herrscht Unfreiheit: Es ist eigentlich Abhängigkeit da, und es ist auch Abwehr der eigenen Autonomie da. Und oft holen sich solche Menschen die Autonomie heimlich rein: durch versteckte Nebenbeziehungen, durch Dinge, die sie sich erlauben und dem anderen verheimlichen. Jemand, der unfrei ist in sich selbst und den anderen so hochjubeln muss, bei dem kommt die eigene Autonomie zu kurz, deshalb sucht er sich Schleichwege, um doch noch, auch wenn heimlich, Autonomie zu erleben. Das ist natürlich eine recht schwache, brüchige Form von Autonomie.

Helden müssen im Mythos und Märchen viele Proben bestehen, um wahre Helden zu werden. Inwiefern müssen gewisse Bedingungen erfüllt sein, damit wir unsere Lebensproben bestehen?

In den Märchen sind es meist drei Söhne, die ausziehen um irgendetwas Schwieriges zu vollbringen, eine Prinzessin zu erobern oder einen Drachen zu töten oder einen Schatz zu finden. Meist scheitern die ersten beiden Söhne. Warum aber gelingt es nun dem Dritten? – Der Dritte wird zunächst einmal als ein etwas dummer, nicht angesehener Kerl beschrieben, als einer, der ganz lang hinter dem Ofen hocken bleibt, der lange in der Mutterwärme – der Ofen kann nämlich als ein Bild der Mutter aufgefasst werden – verharrt. Mir fällt in diesem Zusammenhang auch ein, dass die Helden oft als Wesen beschrieben werden, die sehr viel Hitze in sich haben – man denke an Parzival. Und wenn wir von der Ausstrahlung eines Helden sprechen, so finden wir auch da den Aspekt der Wärme wieder, da ja Wärme und Ausstrahlung nicht voneinander zu trennen sind. Auch Schamanen und Yogis werden als Menschen mit viel Wärme beschrieben, also genauso wie der Märchenheld, der viel Wärme in sich gespeichert hat. Das ist also die Bedingung, um überhaupt Proben bestehen zu können. Ich betone das auch deswegen so sehr, um klarzumachen, dass das

Spürbewusstsein viel mit dieser Wärme, Hitze, Strahlung zu tun hat. Es führt uns zu einer inneren Aufladung von Energie. Und wenn ich meine Energie in den Bauch richte, dann wird meine Bauch warm – Energie und Wärme sind eng miteinander verknüpft: Die Energie steigert sich in dem Maß, in dem Spürbewusstsein da ist. Bei einigen Yogis geht es sogar soweit, dass der Schnee schmilzt, wenn sie meditieren.

Also, das Spürbewusstsein ist die Voraussetzung dafür, dass wir Proben bestehen können, dass wir die nötige Energie haben, um Initiationsschwellen zu überschreiten. In Mythen und Märchen geht es oft um Initiation in ein neues Lebensstadium. Zum Beispiel soll ein ganz unbedeutender Junge König werden, also Herrscher – Herrscher seiner selbst und im Zusammenleben mit den anderen. Natürlich steht ihm eine Grenze bevor, die er überschreiten muss. Oder ein anderer muss die Grenze zum anderen Geschlecht überschreiten, indem er den Drachen bekämpft usw. – Es geht bei diesen Proben immer um Initiationsschritte, und die Voraussetzung ist die, dass wir uns lange genug bebrüten wie eine Henne Eier bebrütet, damit wir dann kräftig genug sind, um diese Schwellen des Lebens zu nehmen und Grenzen zu sprengen.

Interessant ist, dass es sich in den Märchen und Mythen vor allem um Männer handelt, die Proben bestehen müssen. Inwiefern gibt es da einen Unterschied zwischen Mann und Frau?

Das, was eine Frau erreichen muss, um Heldin zu werden, wird anders geschildert: als das Ausdauernde – der Faden der Ariadne, das Spinnen eines Fadens, was bedeutet: Dranbleiben, in Beziehung-Bleiben! Es handelt sich also bei der Frau eher um einen kontinuierlichen Prozess, einen Bindungsprozess. Aber es soll dahingestellt bleiben, inwieweit das kulturgeschichtlich bedingt ist oder eher im Wesen der Frau liegt.

Dazu habe ich mich nicht genug mit dieser Thematik beschäftigt. Aber man weiß – darauf wurde ich neulich von einer Ärztin hingewiesen, dass in der geschlechtlichen Hingabe der Frau während des Orgasmus etwas ganz Spezielles passiert: Ein bestimmtes Bindungshormon wird freigesetzt, d. h., die Bindungsfähigkeit wird erhöht, was natürlich mit der notwendigen und zuverlässigen Bindung an den Nachwuchs zu tun hat und sich daher auch auf die Bindung mit dem Partner auswirkt, den man ja auch braucht, damit der Nachwuchs sicher aufwachsen kann. Vielleicht gehen also die Mutproben der Frau eher in diese Richtung – Kontinuität und Bindungsfähigkeit. Das ist natürlich nur eine Vermutung. Dem ist hinzuzufügen, dass sowohl Frauen als auch Männer beide Prinzipien, das weibliche und das männliche – Yin und Yang – in sich haben, wenn auch mit verschiedenen Gewichtungen.

Das ist interessant und könnte vielleicht die Häufigkeit von Orgasmusstörungen bei der Frau erklären – aus der unbewussten Angst heraus, sich zu stark binden zu müssen.

Ja, das könnte sein, aber Vermutungen bleiben Vermutungen.

Für den Mann wäre es vertrackt, wenn er zu hingabefähig würde, dann könnte es ja sein, dass er seiner Aufgabe in unserer Leistungsgesellschaft nicht mehr nachgeht …

Es ist natürlich so, dass der hingabefähige Mann sich ganz anders in der Gesellschaft bewegt als ein Mann, der sich ausschließlich der Leistungsgesellschaft verschrieben hat. Und dieser Leistungsdruck in der heutigen Gesellschaft hat sich heute eher noch um einiges verstärkt. Nachdem Männer eine Zeit lang durchaus in ihrer weiblichen Seite Anerkennung gefunden haben, ist es heute bei all den Schwierigkeiten – z. B. die Arbeitslosigkeit – und dem wirtschaftlichen Druck wieder so, dass die

Leistungsgesellschaft viel bestimmender auf das männliche Individuum wirkt, und im Übrigen auch auf Frauen.

Der hingabefähige Mann bewegt sich anders – es steht nicht mehr die Rivalität, Konkurrenz, das Machtstreben, die phallische Machtdemonstration des Stärkeren gegenüber einem Schwächeren an erster Stelle; es gilt also nicht mehr das Primat des Wirtschaftsdenkens. Es ist eine fatale Geschichte, wie sehr dieses völlig ins Zentrum unseres gesamten Denkens und Fühlens gerückt ist, das war noch nie so. Es ist erschreckend! Der höchste Wert eines hingabefähigen Mannes ist die Ich-Du-Beziehung, jedoch in einer männlichen Weise – also schon Wettstreit, aber im Sinne der friedlichen Wettstreite, wie sie in der griechischen Antike stattfanden, wo es nicht darum ging, jemanden umzubringen oder fertig zu machen. Auch in den asiatischen Sportarten, im Aikido oder Judo, geht es nicht darum, den anderen sich zu unterwerfen, sondern die Kraft des anderen auch für sich zu nutzen, mit der Energie des anderen selber zu kämpfen. Jeder erlebt also in der Kraft des anderen Eigenes, so findet ein energetischer Austausch statt. Und auf diese Weise haben die Griechen auch das Ideal der Freundschaft aufgefasst, nicht als ein softi-mäßiges »Alles ist o.k.! Wir sind lieb miteinander und nett und streicheln uns!«, sondern durchaus auch als Wettkampf, aber eben immer in Bezogenheit.

Was das nun für die Wirtschaft ausmachen könnte, ist noch völlig unausgeschöpft. Da muss wirklich ein neues Modell wirtschaftlichen Wettstreits und Wettkampfs erfunden werden, das voraussetzt, dass endlich mit diesen Verteufelungen Schluss ist: mit diesen Achsen des Bösen, von denen wir in letzter Zeit durch die Bush-Administration ständig hören, mit den Fundamentalismen hüben und drüben. Damit muss es ein Ende haben, damit dieses Andere, Neue mehr

Raum gewinnen kann. Und es gibt ja Ansätze in dieser Richtung! Man kann nur hoffen, dass sie sich ausbreiten werden. Auf Dauer ist es sogar wirtschaftlich gesehen das einzig wirklich Fruchtbare und Mögliche: Mit dieser Schwarz-Weiß-Malerei können sich einige Länder eine Zeit lang noch reich erhalten und die anderen arm lassen, aber irgendwann schwappt das Ganze über und funktioniert nicht mehr. Es geht um dieses Ideal des Energieaustausches auf globaler Ebene, daran müssten wir uns orientieren!

Wie könnte man als Frau das Pendant zum Wettstreit leben?

Heute begegnet man zunehmend in der Wirtschaft Animus-Frauen, patriarchalischen Frauen; diese lösen dann beim Mann noch mehr Macho-Gehabe aus, weil es in diesem Zusammentreffen wieder nur noch um ein Konkurrenzdenken geht. Auch für die Frau wird es wichtig sein, das, was sie an Kostbarem im Lauf der Jahrtausende entwickelt hat, nicht aufzugeben: die Fähigkeit eines Austausches aus Verbundenheit heraus zu kultivieren und dadurch einen fruchtbaren Wettstreit möglich zu machen. Das führt bestimmt zu verschiedenen Akzentsetzungen zwischen Mann und Frau – welche Bereiche eignen sich besser für Frauen bzw. Männer, oder für diesen bestimmten Mann oder diese bestimmte Frau?

Die Geschlechterrollen waren früher so, wie das Stefan Zweig in seinem Buch »Die Welt von gestern« beschreibt, wirklich krankmachend, wie sieht das heute aus?

Was im Geschlechterverhältnis wichtig ist: dass es nicht um Gleichschaltung, sondern um Gleichwertigkeit geht – um eine Ebenbürtigkeit mit teilweise verschiedenen Werten. Es gibt heute eine große Zahl von Männern, die mütterliche Rollen übernehmen, das ist nichts Fremdes mehr. Es gibt viele Modelle, die ausprobiert werden. Wesentlich dabei bleibt, gewisse Tätigkeiten oder Rollen nicht zu entwerten. Der, der die Rolle des Berufstätigen übernimmt, ist nicht besser oder schlechter als der, der die Mutterrolle erfüllt. – Auch geht es nicht um Polarisierung, sondern um Polarität. Polare Spannung – ja! Polarisierendes Auseinanderstreben – nein! Wie diese polare Spannung dann aussieht, das ist von Paar zu Paar verschieden. Wir müssen darauf verzichten – eben auch was die Beziehungsformen angeht –, ein Modell für alle vorzuschreiben. Jedem Paar ist die schwierige Aufgabe gestellt, nach und nach zu erarbeiten, welches Modell für es angebracht ist, und dies nicht für immer und ewig, sondern flexibel und situativ.

Konflikte

»Es gibt mehr langweilige als konfliktreiche Paare, die geschieden werden.« (N)

In den Medien werden uns meist Paare vorgeführt, die eine dermaßen konfliktfreie Partnerschaft führen, dass man sie beneiden könnte ... Inwiefern aber gehören auch schmerzhafte Dissonanzen zu einer echten Harmonie mit dazu?

Wir erleben tatsächlich einen sehr starken Druck von Seiten der Werbung in unserer Erlebnis- und Spaßgesellschaft, dass alles schön und gut zu sein hat, dass es keine Dissonanzen gibt. Und sollte es einmal zu Konflikten kommen, dann ist das ein unglücklicher Zufall.

Wenn es in einer Beziehung zu Dissonanzen kommt, dann sind das nicht nur Dissonanzen mit dem Partner, sondern auch in uns selber. Es gibt in uns selbst nicht nur ein harmonisches Zusammenklingen von verschiedenen seelischen Anteilen, sondern immer ein Zusammenklingen von zusammenhängenden Anteilen, die aber zum Teil dissonant sind. Und das Gleiche gilt auch in Beziehungen. Wenn man die Männer und Frauen in der Werbung sieht, meint man, da ist alles total harmonisch, wobei das meist eine etwas kitschige und künstliche Harmonie ist, sodass man sie nicht unbedingt beneiden muss. Aber solche Bilder beeinflussen uns natürlich – wir werden ja andauernd von ihnen auch im Fernsehen überflutet, bloß ab und zu werden sie dann während der Nachrichtensendungen von Bildern über Unfälle, Katastrophen, Kriege abgelöst. Aber all das Furchtbare ereignet sich meist weit weg und tangiert die wenigsten. Allerdings ändert sich dies durch den weltweiten Terrorismus.

Dass das Leben mit schmerzhaften Dissonanzen eine Stärke sein kann – und zwar Stärke dank der Wahrhaftigkeit, die darin liegt –, das bekommen wir kaum zu hören und zu sehen, sodass wir dann das Glück eines Menschen an Scheinrealitäten bemessen.

Es gibt ein Glück, das tiefer und jenseits von Glück und Unglück liegt: Wenn ich eins werde mit dem Wirklichen, mit dem, was jetzt gerade ist, dann bedeutet das Glück – reales Glück. Das habe ich versucht im Buch »Im Einverständnis mit dem Wunderbaren« an vielen Beispielen zu erklären. – Früher wurde das vielleicht den Menschen leichter gemacht: Ihr religiöser Glaube gab ihrem Leben etwas Sinnhaftes, und wenn sie Bach-Kantaten hörten wie »Komm herbei, du süßer Tod«, dann war das nicht nur ein pietistischer Schnörkel, sondern auch ein Lebensgefühl: dass das, was ist, auch Spender von Sinn ist, selbst in einer Wirklichkeit, die von Schmerz und Tod gezeichnet ist. Was nicht heißen soll, dass ich es nicht schätze, dass heute die bislang so einseitig ausgelegte christliche Botschaft von Kreuz und Tod nun auch als Freude und frohe Botschaft verstanden wird, oder dass ich finde, Religion habe nur positive Aspekte: Wir wissen, wie sehr sie die Menschen versklavt und in Unmündigkeit gelassen, wie sehr beispielsweise das Christentum Lebensfreude und Sinnlichkeit gedrosselt hat.

In dem Buch über das Glückserleben »Flow. Das Geheimnis des Glücks» von Mihály Csikszentmihályi wird zwar die Frage gestellt, wie wir zu diesem Gefühl des Strömens und des Fließens in uns kommen können, aber sie wurde recht einseitig nur auf angenehme, positive Energieerfahrungen bezogen. – Wenn ich von Energieerfahrungen spreche, dann versuche ich zu zeigen, dass sie auch dort stattfinden, wo schwierige Dinge geschehen. Mir haben viele Menschen erzählt, dass sie, bei plötzlich eintretenden Schicksalsschlägen, wie aus einem unbewussten dämmrigen Trance-Zustand aufgeweckt wurden und dann so etwas wie Befreiung und Glück empfunden haben, was natürlich paradox klingt. Das hängt aber genau mit dieser Unmittelbarkeit zusammen, die nicht mehr wertet und sagt: Unglück ist nur schrecklich, Glück nur schön! Glück oder Unglück kann Glück in einem tieferen Sinne bedeuten, dieses Glück umfasst beides: Es ist das Glück, das mit der Fähigkeit zur Unmittelbarkeit und Sinngebung zu tun hat. Davon ist in vielen Büchern, Ratgebern, Zeitschriftenartikeln, die sich mit dem Thema »Flow« beschäftigen, nicht die Rede.

Inwiefern muss das Nein in einer Beziehung offen ausgetragen werden? Es ist ja unser aller Erfahrung, dass wir es um des lieben Friedens willen am liebsten meiden ...

Es fällt mir in diesem Zusammenhang wieder eine Geschichte von Stefan Zweig ein: »Leporella«. Sie handelt von einem Baron, der immer freundlich und nett mit seiner Frau umgeht. Er lebt so sein eigenes Leben: Nach außen hin alles glatt und verbindlich und gut; aber er lässt sich nicht wirklich berühren –

also der Typ des »puer aeternus». Eigentlich ist ihm seine Frau lästig. Und seine Frau leidet unter der Gefühlsarmut und Indifferenz ihres Mannes, wird krank und kommt in eine Klinik. Die beiden haben eine Magd und die bekommt den Spitznamen Leporella, nach dem Leporello in Mozarts »Don Giovanni«. Diese Magd, eine ganz einfache Bauersfrau, die sich gar nicht gut ausdrücken kann, ist völlig fixiert auf den Baron: Sie liest ihm jeden Wunsch von den Lippen ab, tut alles für ihn, besorgt ihm sogar Frauen, als seine Frau in der Klinik ist usw. Sie ist gewissermaßen sein Alter Ego: Sie spürt das, was der Baron nicht spürt: auch dieses versteckte tiefe Nein seiner Frau gegenüber. Sein vordergründiges Ja hat ein verstecktes Nein! – Und als die Frau dann aus der Klinik zurückkommt, bringt diese Magd sie um.

In dieser Erzählung kommt sehr deutlich zum Ausdruck, wie destruktiv das versteckte Nein sein kann. Das offene Nein hingegen bekundet so etwas wie Respekt vor dem anderen – es schafft Beziehung und ermöglicht Verbindung. Das Nein der Konfrontation und Auseinandersetzung, das Nein, das zu *fruchtbaren* Konflikten führt, ist eigentlich ein Ja.

Warum bewegen sich Paare dann so schwer aus ihrem falschen Ja heraus?

Sie haben Angst vor dem Risiko, vor dem Unbekannten.

Man hat Angst vor den Dissonanzen, die im eigenen Inneren auftauchen könnten ...

Wenn man eine Schein-Harmonie aufgibt, kommt eben alles zum Vorschein. – Menschen, die in Schein-Harmonien leben, sind oft versteckte Pessimisten: Sie haben oft das Gefühl, ich werde nicht für das geliebt, was ich bin – das kommt dann meist in der Arbeit mit einem Therapeuten zu Tage. Würde ich mich so zeigen, wie ich bin, würde ich also Nein sagen und in Widerspruch treten, so würde ich nicht mehr geliebt. Ich werde nur geliebt, wenn ich mich zum Schein anders verhalte als ich bin. Nur der Schein macht es also möglich, dass ich Liebe bekomme. Wenn die Wirklichkeit offenbar würde, könnte mich keiner lieben.

Menschen, die in einer solche Schein-Harmonie leben, können sich vermutlich gar nicht wirklich trennen – sie verziehen sich dann, ohne ein Wort zu sagen. Oder brüllen sich an, ohne sich wirklich etwas mitzuteilen ... Es fehlt ihnen eine fruchtbare Streitkultur.

Neulich habe ich von einem Extrembeispiel gehört, einer Frau, die mit einem sehr vermögenden Mann verheiratet war. Die beiden haben sehr lange in einer solchen Schein-Harmonie gelebt. Es hat zwischen ihnen kaum Streit gegeben. Und wenn es einmal Streit gegeben hat, dann war er so destruktiv, dass sich beide davor gehütet haben, einen weiteren zu entfachen; sie waren also wieder lieber höflich und nett zueinander. Jeder war für sich völlig einsam, weil sie nie gelernt haben, miteinander zu sprechen und ihre Differenzen auszutragen. Eines Tages lernte diese Frau einen Mann kennen, der im Gegensatz zu ihrem Mann überhaupt nicht einflussreich und auch nicht vermögend war: ein schlichter Lastwagenfahrer, ein Sex-Protz ohne Kultur und Bildung. Sie hat sich in diesen Mann verliebt, und im Geheimen haben sie alles geplant, um gemeinsam durchzubrennen. Das ist dann auch geschehen. Die Frau zog in eine andere Stadt, in ein anderes Land und quartierte sich dort unter einem fremden Namen ein. Ihr Mann hatte keine Ahnung, wo seine Frau ist; er war völlig vor den Kopf gestoßen. – Zu so etwas kann es durchaus kommen, wenn zwei Menschen nicht miteinander sprechen.

Trotzdem muss es den Streit geben. Wie aber wird er zur fruchtbaren Auseinandersetzung? Inwiefern können auch negative Emotionen Energien freisetzen?

Es kann sehr fruchtbar sein, wenn mal ein solches destruktives Beziehungsgespräch in der Gegenwart einer dritten Person stattfindet – das muss nicht ein Therapeut sein: ein Gespräch also, in dem zwei Menschen Stück für Stück alles kaputtmachen, was ihr bisheriges gemeinsames Leben ausgemacht hat. Dadurch, dass jemand anderes da ist, nur zuhört und schweigt, erreichen die Streitenden meist einen Punkt, an dem sie auf einmal merken, dass ihr Streit zu nichts führt. Das mache ich oft in Paartherapien so: Ich fordere Paare auf, ihre Standpunkte so, wie sie das seit einiger Zeit zu Hause tun, zu vertreten. Irgendwann hören sie auf zu sprechen. Und weil ein Dritter da ist, geht auch keiner von den beiden einfach weg und knallt die Tür zu oder flüchtet in die Versteinerung, sondern sie bleiben beide da und merken plötzlich selbst, wie das zu gar nichts führen kann. Dann merken sie auch – und das geht dann schon in Richtung Therapie –, dass gar nichts mehr da ist. Es ist also eine Erfahrung von Leere, die zuerst sehr bedrohlich und negativ empfunden wird, wenn dann aber jemand da ist und sagt: »Es ist euch gelungen, alles kaputtzumachen, alles, was euch lieb und teuer war, habt ihr zunichte gemacht – mit einem Rundumschlag!« Dann kommt so etwas wie eine gefühllose Ruhe zustande – das ist dann ein kathartischer Augenblick. In einer therapeutischen Situation kann ich dann als Dritter sagen: »Es ist Leere da! Ich freue mich, dass ihr nicht weggelaufen seid! Versucht mal, ohne zu sprechen, diese Leere auszuhalten! Darauf zu achten, was in euch hochkommt, es aber nicht gleich auszusprechen.« Das gemeinsame Aushalten von Leere ist etwas sehr Fruchtbares. Da kommt manchmal eine sehr tiefe

Traurigkeit auf, ein tiefes Bedauern oder eine Erinnerung an etwas, was früher war. Das ist – neben dem Weg, über eigene Gefühle zu sprechen, ohne Du-Botschaften zu formulieren, von dem ich schon sprach – auch eine Möglichkeit, um wieder Verbundenheit herzustellen, die ja, wie schon öfters betont, auch in der Trennung nötig ist.

Eine bei Paaren sehr verbreitete Methode ist das »Pause machen«. Nach der Pause haben sie wieder eine glückliche Zeit, danach fängt aber die Katastrophe von vorne an. Was verspricht man sich eigentlich von solchen »Pausen«?

In einer Beziehungspause will jeder zu sich selber kommen und sich selber wieder spüren – eine Art Erholung. Denn Streitigkeiten sind ja auch immer Schockerlebnisse. Wenn sich zwei Menschen total fertig gemacht haben, ist das für beide ein Schock und zehrt an den Kräften. So etwas kann man sich nicht täglich erlauben. Die Pause meint sicher auch diese Art von Abstand. Aber zusätzlich müsste noch etwas anderes geschehen, und zwar das, was ich vorhin erwähnt habe: gemeinsam die Leere aushalten. Das würde bedeuten, dass man gemeinsam Pause macht: nicht mehr aufeinander einhämmert, sondern gemeinsam still wird. Manchmal geht das, dass Paare eine Abmachung treffen: »Wir schweigen gemeinsam und dann hat jeder die Möglichkeit, eine Weile über seine eigenen Gefühle zu sprechen, ohne dass er vom anderen unterbrochen wird.« Doch das erfordert viel Disziplin.

Pause – ja, aber nicht unbedingt völlige Trennung. – Und wenn nach der Pause alles wie vorher weitergeht – was so nicht stimmen kann, denn der Abnützungseffekt, das Gesetz der Entropie, ist unerbittlich: Wenn also nach der Pause nichts Neues hinzukommt, ist das Ende schon vorprogrammiert.

In einer Schule des Eros wäre es also wesentlich, die Fähigkeit zu entwickeln, mit Konflikten umzugehen. Nur – in einer Welt, die ausschließlich positiv »drauf sein« möchte, ist es nicht leicht, das Negative zu integrieren.

Nicht nur in der Werbung wird aufs Positive gesetzt, auch in einer ganz bestimmten Art der Esoterik. Zum Beispiel habe ich unlängst auf einer Tagung zum Thema Eros einen Menschen erlebt, der von Alleinheit, Verbindung, Advaita (Nicht-Dualität) in seinem Vortrag sprach, der also alles mit einbezog und das alles in einer fast magisch-beschwörenden Sprache. Ich achte ja immer auf Energiesignale und auf Ausdrucksformen des Körpers. Und so fiel mir auf, dass dieser Mensch seine linke Hand am Rednerpult aufstützte, indem er die Finger total spreizte, dann wieder verkrallte, dann wieder spreizte – und das ist eine ganz typische Gebärde, die zum Abwehrzauber gehört, also das pure Gegenteil von Advaita und Alleinheit. Ich habe dann in der Pause eine Bekannte gefragt, wie sie diesen Menschen fand. Und sie war einfach von all dem eingelullt, hatte nur auf sein Gesicht gestarrt und nichts anderes mitbekommen. – Das wäre etwas, das wir in einer Schule des Eros lernen müssten: eine Sensibilität für die Körpersprache zu entwickeln – wie drückt sich etwas im Körper aus, das in eine ganz andere Richtung weist als das, was wir verbal von uns geben. Das kann man üben. Ich merke das auch immer wieder bei mir selber, wenn solche widersprüchlichen Ausdrucksformen aufkommen. Damit arbeite ich ständig, an mir und mit anderen.

Das merkt man auch bei manchen Professoren, die zwar ihre Vorlesungen halten, sich selber aber beim Reden gar nicht mehr zuhören. Dann schläft man als Zuhörer meist ein …

Ja, genau, das ist ein ähnliches Beispiel – das Reden kommt nicht von innen und ist daher nicht stimmig. – Wenn ich z. B.

mit diesem Advaita-Menschen zusammenarbeiten müsste, würde ich ihm sagen: »Vergiss mal alles, was du gesagt hast, rede mal nicht und richte deine Aufmerksamkeit ganz in deine Hand und deren Gebärde!« – Wenn man das Handwörterbuch des Aberglaubens aufschlägt, findet man unter den Abwehrgebärden genau diese gespreizte Hand als eine sehr verbreitete Form der Abwehr. Ich würde ihm dies so nicht sagen oder ihn fragen, was wehrst du ab, denn das wäre verkehrt, das wäre wieder eine Frage, die sich an den Kopf richtet, sondern ich würde mit ihm nach und nach in seine Gebärde hineingehen – zuerst die Gebärde übertrieben vollziehen lassen, bis sie schmerzhaft spürbar ist. Denn mich schmerzt diese Gebärde, auch ohne sie zu übertreiben; aber diesen Menschen hat sie gewiss nicht geschmerzt, weil sie bei ihm eine Gewohnheit ist. Deswegen muss er sie übertreiben. Zuerst empfindet er das als theatralisch, schaut sich noch von außen zu – und das dauert eine Weile. Aber nach und nach lässt er sich dann von seiner Hand leiten und ist dann ganz in seiner Hand drin. Dann würde ich fragen: »Was für ein Gefühl wird bei dir wach?« Jetzt kommen wir an etwas heran, was im Spürunbewussten dieses Menschen ist: ein Zugang zu einem Bereich, der über Worte und ozeanische Gefühle nicht erreichbar ist. Dann werden die echten passenden Gefühle wach – dann hat er plötzlich Zugang zu Gefühlen, die ihm sonst unbewusst bleiben müssten. Und sie sind meist anders als die vordergründigen Gefühle, die er hatte. – Auf diese Weise kann man sich dem Unbequemen, Vermiedenen nähern.

Wie gut, dass es etwas gibt, das wir nicht kontrollieren können – so eine unbewusste Quelle, die uns »verrät« ...

Das Schlimme z. B. an manchen Managerseminaren ist ja, dass dort die Total-Kontrolle gedrillt wird. Es wird genau gelernt, wie muss ich sitzen, was muss ich sagen, wie soll meine Stimme klingen, wie schaue ich den anderen an, damit ich meine Ziele erreiche. Das führt dann zu diesen Roboter-Menschen, die sich auch im privaten Bereich ähnlich verhalten.

Jeder hat so seine »Elendsviertel der Seele« heißt es in Ihrem Buch »Die Wunde der Ungeliebten«. Wie lassen sich »Elendsviertel« in »Freudenviertel« verwandeln?

In erster Linie ist wichtig, das »Elend« aus seinem Getto-Dasein zu befreien. Um bei diesem Advaita-Menschen zu bleiben: Ganz autonom und abgespalten geschieht etwas in seiner Hand, und genau das will befreit werden. Eine Klippe auf dem Weg der Befreiung ist die negative Bewertung: »Oh, jetzt hat der gemerkt, dass bei mir alles gar nicht so harmonisch und schön ist, wie ich das so darstelle. Ich fühle mich beschämt!« Also wird es notwendig, dass ein solcher Mensch lernt, die Wirklichkeit nicht mehr durch Wertungen zu spalten. Das kann nicht mehr über den Kopf geschehen, sondern nur dadurch, dass die Aufmerksamkeit auf das gerichtet wird, was gerade ist – eigentlich ist das ein meditativer Prozess. Den Wertungen wird die Energie entzogen: Wertungen sind ja Vorstellungen, und Vorstellungen sind nie unmittelbar, sondern vermittelt. Diesen Vorstellungen können wir nur dann die Energien entziehen, wenn wir vollständig in das hineingehen, was uns zunächst, solange wir es bewertet haben, nicht gepasst hat. Dann bleibt uns nämlich gar keine Energie mehr übrig für Wertungen. – Das ist ein erster Schritt, um dieses »Elende«, das, was bei uns in einem Getto verkommt – und bei jedem von uns gibt es so etwas –, zu erlösen, frei zu erleben und leben zu lassen. Das ist ein Anfang von Integration.

Es geht dabei auch immer darum, Probleme und Komplexe anders aufzufassen: Zum Glück haben wir die, denn sonst wären wir vermutlich ziemlich langweilige Menschen. Es würde uns die Motivation fehlen, Schritte in der eigenen Entwicklung zu tun. Ohne einen gewissen Leidensdruck, aber auch ohne die Liebe wären wir nicht in der Lage, Grenzen zu sprengen. Wenn wir die in uns vorhandenen Dissonanzen und Divergenzen spüren und erleben, belebt das unser eigenes Wachstum.

Das heißt, »Therapie« im Sinne von Wachstum ist unser aller Weg.

Ja, Selbstwachstum und Selbstwerdung sind kein Luxus, den sich Menschen, die in ihrem Leben zu wenig Beschäftigung haben, mal eben leisten – so wird Psychotherapie oft negativ gesehen. Es geht in der Psychotherapie nicht darum, Probleme zu kreieren, sondern da, wo Probleme und Dissonanzen sind, die auch als solche wahrzunehmen. Es kommen heutzutage, statistisch gesehen, weniger Leute in Therapie oder Therapiegruppen als früher, aber die, die kommen, sind wirklich motiviert.

In der Arbeitswelt sieht man fast nur noch beherrschte, lächelnde, ausgeglichene Menschen – zumindest scheint es so. Ihre Wut oder ihren Kummer unterdrücken die meisten oder lassen sie an ihrer Familie aus. Wäre es nicht gut, wenn wir bestimmte emotionale Regungen wie Wut und Aggression aufwerten würden und sie zulassen könnten?

Statt aufwerten würde ich lieber kultivieren sagen: Ich muss nicht unbedingt einen blinden Wutanfall, den ich gehabt habe, aufwerten, sondern ich kann sagen: Es war gut, dass ich mir mal Luft gemacht habe, dass ich eine Art Katharsis erfahren habe – meine Muskeln sind jetzt nicht mehr so verspannt, es geht mir etwas besser, obwohl meine Gefühle noch immer etwas ambivalent sind. Es ginge also eher darum, die Wut zu kultivieren – zu lernen, sie in eine bezogene Konfrontation zu wandeln. Denn Wut, reine unbewusste Wut, hat ja auch immer etwas Ohnmächtiges an sich: Ich kann nicht mehr, der Kragen platzt mir und jetzt schreie ich einmal alles aus mir raus, was in mir drin ist. Das hat etwas Hilfloses. Deswegen belächeln wir auch meist Menschen, die auf diese Weise wütend werden. Und das ist schade, denn in der Wut liegt auch ein sehr kostbarer Kern, der Kern der Selbstbehauptung, der Autonomie, der Auseinandersetzung.

Es geht also darum zu lernen, wie man kommuniziert, welchen Ton, welche Sprache man findet, um den anderen zu erreichen. Was nützt es mir, wenn ich explodiere und mir alles von der Seele rede, wenn ich das in einer Weise mache, die der andere nicht verstehen kann. Wie soll er das dann aufnehmen, was er im Grunde durchaus aufnehmen könnte? Und eben das ist bei vielen das Problem: Sie reden genauso, als würden sie gar nicht wollen, dass der andere sie versteht. Dahinter steckt oft eine pessimistische Haltung sich selber gegenüber. Solche Menschen haben dann den Eindruck: »Ich kann sagen, was ich will, ich werde nie verstanden!« Sie fühlen sich als Opfer. Ein Wüterich kann sich nämlich in seiner Seele durchaus als Opfer fühlen, obwohl er nach außen hin als Täter daherkommt. Und er wird tatsächlich erreichen, dass der andere ihn nicht versteht, dass der andere sich gegen ihn wendet, dass er ihn lächerlich macht – er wird also Opfer. Etwas in uns will die Wirkung, die wir erzielen, auch tatsächlich haben. Die Wirkung, die wir erzielen, ist ein heimliches Motiv für das, was wir tun. Etwas in uns will in den Wiederholungszwang hineinkommen. Und wenn dann der Leidensdruck nach all den vielen Wiederholungen stark genug ist, tun wir dann vielleicht endlich den ersten Schritt in Richtung Therapie.

Hat man einen Wutanfall gehabt, fühlt man sich gleich schuldig. Woher kommt dieses ganze Paket an Schuldgefühlen?

Wir müssen zwischen wirklicher Schuld und Schuldgefühlen unterscheiden. Das setzt natürlich voraus, dass ich an die Möglichkeit von wirklicher Schuld auch glaube. Wenn ich von Verantwortung spreche, dann impliziert das auch die Möglichkeit von Schuld. Oft sagen Menschen, sie fühlen sich schuldig und psychologisieren das dann: »Ach, das Schuldgefühl ist ja nur ein Gefühl und mit Schuld hat das gar nichts zu tun.« Es gibt tatsächlich Schuldgefühle, die nichts mit Schuld zu tun haben, aber es gibt auch Schuldgefühle, die wirklich Schuld meinen. In diesem Zusammenhang wird nämlich Psychologie oft missbraucht: Man versucht, wirkliche Schuld wegzupsychologisieren und belässt Menschen in einem infantilen Zustand von Verantwortungslosigkeit. Fazit: »Ich bin halt so!« Dann werden immer andere Faktoren oder die Ursprungsfamilie verantwortlich gemacht, und man lernt nicht, erwachsen zu werden.

Wenn ich mir aber dessen bewusst bin: Ich bin verantwortlich für das, was ich tue. Dann weiß ich: Ich kann auch schuldig werden.

Wenn jemand in einer Partnerschaft immer sinnlose Wutanfälle bekommt, so ist das auch eine wirkliche Schuld. Da gibt es keine Entschuldigung. Und derjenige müsste sich die Frage stellen: »Verdecken diese Schuldgefühle, die ich nach jedem meiner Anfälle habe, nicht etwa eine reale Schuld, die ich gegenüber meiner Frau und meinen Kindern habe?«

Inwiefern kann man überhaupt etwas, das einen verletzt hat, entschuldigen?

Man kann jemandem verzeihen, aber man kann die Schuld nicht wegreden – das geht nicht. Auch wenn ich schuldig geworden bin an einem Menschen, dann kann ich mir zwar verzeihen, auch die anderen können mir vielleicht verzeihen, aber es war eine Schuld und ist sie noch immer, denn sie hat immer noch Folgen. Und im Leben eines jeden Menschen gibt es Situationen, in denen er sich schuldig gemacht hat. Es ist hart und schwierig damit zu leben, aber es gilt, dies anzuerkennen und nicht zu verdrängen.

Den Tod empfinden wir meist als etwas Destruktives. Wie ließe er sich anders betrachten?

Es ist traurig, einen Menschen zu verlieren, es ist ganz schrecklich und unwiderruflich. Aber Leiden, Krankheit, Tod gehören auch zu unserer Realität. Auch mit ihnen ist es gut, in Resonanz zu treten. Denn dann können wir auch den Tod wie das ganze Leben als etwas Mystisches erfahren und abgewandelt im Sinne Wittgensteins sagen: Nicht *wie* der Tod ist, ist das Mystische, sondern *dass* er ist. Weil er eben wirklich ist! Wir treten in Resonanz mit der eigenen Vergänglichkeit. Es werden heutzutage zwar vielerorts tantrische Erfahrungen propagiert; aber dabei wird meist außer Acht gelassen, dass tantrische Rituale, wie sie im tibetischen Buddhismus praktiziert wurden, damit zu tun hatten, den Menschen aus seiner Verhaftung ans Vergängliche zu befreien. Ihr Ziel war es also, Menschen in einer ekstatischen Verschmelzungserfahrung aus der Fixierung ans Weltliche zu erlösen. Deshalb wurden sie auch oft auf Friedhöfen abgehalten, an Orten der Vergänglichkeit.

Man erlebt bei alten Paaren oft, dass, wenn der eine stirbt, die andere ihm bald nachfolgt …

In meinem Bekanntenkreis gab es auch solch ein Paar. Sie waren beide über 90 und seit 70 Jahren verheiratet; er ist mit 95 gestorben und sie zwei Monate später mit 94. Das kann ich verstehen – sie haben schließlich wie Philemon und Baucis gelebt; sie bildeten ein Paar, das so miteinander verwachsen war, dass es allzu verständlich ist, dass beide fast gleichzeitig starben. Bei so ganz alten Menschen hat dies gar nichts Erschreckendes; aber es ist erschreckend bei Menschen, die mitten im Leben stehen und von einer Trennung umgehauen werden. Das zeigt immer, dass vorher was verkehrt gelaufen ist: Solche Menschen haben in großer Abhängigkeit vom anderen gelebt und ihr Leben immer nur in Symbiose mit dem anderen erlebt. Da hat es genau an dem gefehlt, dass jeder seinen eigenen Bereich, seinen Freundeskreis oder auch seine Verliebtheiten, seine Interessen hatte, sodass das Leben auch Sinn ohne den anderen hatte. Solche Menschen brechen zusammen und lernen sehr spät etwas, das einfacher gewesen wäre, früher zu lernen: Oft gehen sie durch eine Phase von Depressionen hindurch.

Eine junge Kollegin von mir wurde schwer depressiv, nachdem sich ihr Freund von ihr getrennt hatte; sie hat mehrere Jahre gebraucht, bis sie etwas lernte, was sie vorher in der Beziehung nicht gelernt hatte. Aber sie hat es dann schließlich geschafft, sich abzunabeln – auch von ihrem Vater, was während der langen Zeit ihrer Partnerschaft noch nicht geschehen war.

Leider schlagen viele Menschen den anderen Weg ein – den gängigeren Weg, den Weg in die Sucht. Meist verschiebt sich da die Sucht bloß: die Sucht nach dem anderen verschiebt sich zum Beispiel in die Sucht nach Alkohol. Da zeigt sich auch wieder, dass es nicht nur um dieses oder jenes Problem geht und dass es nicht ausreicht, ein einzelnes Problem verhaltensmäßig zu ändern. Insgesamt geht es um eine Wandlung der Persönlichkeit.

Eros

»Ist der richtige Ton, das stimmige Wort gefunden, beginnt Ihr Gegenüber zu vibrieren, und in der Ausbreitung dieser ursprünglichen Begegnung zwischen Ihnen beiden hebt die ganze Welt zu singen an.«
(A)

Man sollte meinen, in einer liberalen Welt gäbe es keine Glaubenssätze und Verhaltensregulative mehr, aber das stimmt nicht: Wir errichten dauernd Mauern um uns herum – wieso? Vielleicht ist aber auch etwas Gutes an den Verhaltensregulativen dran …

Ich möchte einen Zusammenhang einbringen, wo das Förderliche an Verhaltensregulativen sehr deutlich wird. Wir wissen aus der Arbeit mit zwangskranken Menschen, dass für sie die Zwänge oft die einzige Möglichkeit darstellen, ihre Persönlichkeit vor der totalen Auflösung zu retten – die Zwänge sind also das kleinere Übel, das gewählt wird. In psychiatrischer Überspitzung habe ich damit gezeigt, in welche Richtung die Antwort über das Positive von Glaubenssätzen und Verhaltensregulativen gehen kann. Sie können Zwangsprogramme darstellen, die aber für manche Menschen von großer Bedeutung sind, ohne die sie wirklich in der realen Gefahr wären, sich aufzulösen und jedes Gefühl für sich selber zu verlieren. Es fehlt solchen Menschen – und das ist heute sehr verbreitet – die belebende Geborgenheit, in der schenkende Kontakte stattfinden könnten. Und es fehlt ihnen der innere »Temenos«, der innere heilige Bezirk, das Gefühl, eine abgegrenzte Persönlichkeit zu sein.

In meinem Gruppenraum hängen viele Mandalas aus Nepal, Tibet, Nordindien – seit vielen Jahren schon sammele ich Mandalas. In einer Gruppenarbeit ist es sehr wohltuend, diese Bilder vor sich zu haben – sie schaffen Ordnung. Aber sie haben für mich noch eine tiefere Bedeutung: Sie geben ein Bild für den Temenos ab, für die eigene strukturierte Persönlichkeit, die durch das Viereck dargestellt ist. Und gleichzeitig sind sie offene Systeme und nicht zwanghaft in sich eingeigelt, denn meistens sind vier Tore dargestellt, die sich nach außen öffnen. Also, sie repräsentieren kommunizierende Systeme, die den Kontakt zwischen der eigenen innerer Lebensenergie und dem kosmischen Energiefluss herstellen: einen Energiekreislauf. – Es fehlt einer wachsenden Zahl von Menschen an diesem Mandala, dem heiligen Bezirk, der heilenden Verbindung nach innen und außen.

Neulich in Wien besuchte ich die Albertina, wo eine Dürer-Ausstellung stattfand. Da fiel mir ein Motiv auf, das ich aus der Kunstgeschichte kannte und auch bei Dürer öfters vorkommt – der umschlossene Garten, der »hortus conclusus«, als Symbol der Jungfrau Maria, eines von den vielen Symbolen, das immer wieder in der christlichen Ikonographie auftaucht. Wir können das Motiv der Jungfräulichkeit der Gottesmutter für ein völlig überlebtes Motiv halten, und das ist es auch, wenn wir es rein biologisch betrachten. Aber wir können auch feststellen, dass die Faszination durch das Symbol der Jungfräulichkeit darin liegt, dass sich hier ein »hortus conclusus« zeigt – eine in sich geschlossene, eine abgegrenzte Persönlichkeit.

Der Garten hat natürlich noch eine andere symbolische Bedeutung: Er ist auch ein Symbol der gebärenden Mutter. Er ist dann zwar ein strukturierter, abgegrenzter Ort, jedoch nicht völlig verschlossen wie der Garten der Jungfrau, sondern – ähnlich wie das Mandala – ein Garten, der Öffnungen nach außen hin hat. Er kann auch ein Symbol der Allmutter, der großen, spendenden Mutter sein. Innerhalb von Abgrenzungen kann also Fruchtbarkeit geschehen, da kann ein Energieaustausch zwischen innen und außen stattfinden.

Dieser kleine Exkurs in die Kunstgeschichte soll deutlicher machen, wo das Problem liegt: Es liegt in einem tiefen Leiden vieler heutiger Menschen an einer mangelnden natürlichen Struktur der Persönlichkeit, an Grenzsetzungen, die dem Menschen von innen her gegeben sind, die es selbstverständlich auch immer nötig machen, dass von außen her Impulse kommen. Wenn nun diese innere Struktur fehlt, dann entsteht ein starkes Bedürfnis nach Autorität, auch nach Glaubenssätzen und Verhaltensmodellen. Solche Menschen wollen dann hören, »wo's langgeht«, liefern sich anderen aus und fühlen sich frei in der Unfreiheit.

Der Erfolg eines Struktur vermittelnden Therapeuten beweist noch nicht, dass es sich dabei um einen Therapeuten handelt, der sich an den eigenen Strukturkräften seines Patienten orientiert, was wünschenswert wäre. Vielleicht hat er lediglich zum Patienten ein strukturierendes Machtwort gesprochen, von seiner Über-Ich-Position aus: Das ist nun dein Weg!

Inwiefern kann nun eine erotische Lebenseinstellung zu einem solchen Temenos führen?

Menschen, die durch manipulative, autoritäre Persönlichkeiten verführbar sind, haben zu wenig die Erfahrung von einem Eros gemacht, der eigene Kräfte weckt, der wärmt und Geborgenheit schenkt und der es dann auch ermöglicht, dass in dieser warmen, energetisch aufgeladenen Atmosphäre ein Temenos heranreift. Es kommt also darauf an, diesen Eros bei vielen modernen Menschen zu wecken. Das aber kann nicht einfach von außen herbeigezaubert werden. Es ist dem Einzelnen übertragen, in sich den erotischen Fluss zu wecken und zu entwickeln, natürlich auch in Resonanz mit anderen Menschen. Aber das Werk selbst vollbringt immer der Einzelne: etwas in sich zu wecken, was ihm in seiner Kindheit von außen her zum Teil gefehlt hat und nicht zuteil wurde. – Und darin sehe ich die Hauptaufgabe einer wirklich humanistischen Psychotherapie.

Welche Rolle kommt dann dem Therapeuten überhaupt noch zu?

Wenn ein Mensch nach und nach lernt, spürend in seinem Leib zu sein, so erfährt er auch eine sinnvolle Lebensbewegung und Selbtsstrukturierung. Die Bewegung kommt aus ihm selber; der Impuls, darin zu bleiben kann vom Therapeuten kommen. Zum Beispiel: Wenn mir ein Mensch ständig erzählt, wie schrecklich sein Partner ist, wie sehr er sich schützen muss und ich an ihm gleichzeitig eine Gebärde der sich öffnenden Arme beobachte, als wolle er sich jetzt zu etwas hin öffnen, dann sage ich ihm: »Vergiss mal deine Worte, geh ganz in diese deine Gebärde hinein und wiederhole sie!« Dann merkt er nach und nach, wie strukturierend seine spontane, immer spürbewusstere Lebensbewegung sein kann. Sie strukturiert ihn in seiner Lebensbewegung und orientiert ihn auf das hin, was in ihm, ohne dass er es wusste, angelegt ist.

Wer auf diese Weise im Leib ist, erfährt strukturierende Kraft. Deswegen spreche ich in diesem Zusammenhang von Spontanritualen: Sie sind strukturierende Bewegungsabläufe, die sich in einer therapeutischen Situation spontan einstellen. Durch sie entsteht nicht nur eine ganz konkrete erotische Verbindung zu sich selber, sondern auch zur Umwelt. Solche Gebärden sind ja nicht nur etwas, was der Einzelne für sich tut, es sind Gebärden der Kommunikation: Jede meiner Gebärden drückt etwas Eigenes aus und ist gleichzeitig auch in Kommunikation mit einem Äußeren. Sie schafft also einen erotischen Bezug nach innen und außen. Auch eine Trennungsgebärde ist eine bezogene Gebärde, auch sie ist erotisch in einem weiten Sinne des Wortes.

Und das alles muss das Zentrum einer therapeutischen Arbeit sein: dass ein Mensch nach und nach erfahren kann, wie sich von innen heraus eigenes Strukturieren seiner selbst ereignen kann. Das beglückt jeden Menschen und kompensiert einen Mangel an Lebensäußerungen, die sich in frühen Jahren nicht entfalten konnten, einen Mangel, der in der heutigen Gesellschaft allgegenwärtig ist. Am Therapeuten liegt es, unbewusste Lebensäußerungen wahrnehmbar zu machen, zum Dranbleiben zu ermutigen, ihre Bedeutung zu entschlüsseln, zu ihrer Integrierung beizutragen.

Wir hören oft sagen: »Wenn ich das und das erreicht haben werde, dann bin glücklich«. Hängt ein glückliches Leben oder ein intensives Lebensgefühl von irgendwelchen Bedingungen ab?

Es gibt gewisse Grundbedingungen, die erfüllt sein müssen, denn sonst wäre alles andere auch illusorisch. Bertolt Brecht sagt das doch so treffend: »Erst kommt das Fressen, dann ...« Es gibt ein Grundrecht auf Nahrung, Bildung, Arbeit usw. Und solange das nicht realisiert ist, müsste man meine Antwort als zynisch bezeichnen. Natürlich habe ich Menschen kennen gelernt, für die eine dieser Grundbedingungen nicht zutraf und trotzdem glücklich waren. Nur dürfen wir daraus nicht ableiten, dass es das nicht wirklich braucht. Dann erst hätte ich ein Recht zu sagen, dass es wirklich überhaupt keine Rolle spielt, ob ich ein bisschen mehr oder weniger Geld, eine schöne oder ein weniger schöne Wohnung, eine gute oder eine problematische Partnerschaft habe.

Ich lebe hier in Orselina, einem Stadtteil von Locarno, in einer Gegend, wo ziemlich viele wohlhabende Menschen leben. Aber es gibt hier auch eine ganze Anzahl von Tessinern, die wenig Geld haben, deren Familien aber schon seit Jahrhunderten hier leben. Oft wenn ich spazieren gehe, komme ich an einem Haus vorbei, das ganz einfach ist, das sicherlich keine Zentralheizung hat – die meisten ursprünglichen Häuser hier haben so etwas nicht, die werden mit Holz geheizt –; da ist so eine Art Plastikdecke im Freien über einen kleinen Sitzplatz gespannt, wo eine Feuerstelle ist und man draußen kochen kann; in diesem Haus lebt eine Familie mit zwei Kindern; sie sind meistens fröhlich und zufrieden; während andere hier aus der Gegend so nicht leben könnten, weil sie meinen, sie brauchen für ihr Glück eine gewisse Summe Geld und für jede Lebenslage eine Versicherung. All das braucht diese in bescheidenen Verhältnissen lebende Familie nicht; man hört sie manchmal singen, aber auch streiten; auch sind die Eltern manchmal ungeduldig mit den Kindern – aber wie auch immer: Der Lebensfluss ist da. – Ich will das nicht idealisieren, aber ich kenne diese Leute auch persönlich, weil ich öfters mit ihnen ins Gespräch komme. Also, das Glück kann nicht nur von äußeren Bedingungen abhängen!

Gerade wir in der Schweiz unterliegen einer kollektiven Zwangsneurose, was die Versicherungen angeht: Gegen was alles wir meinen, versichert sein zu müssen! Und wie viel Geld dann pro Jahr ausgegeben wird für Versicherungen jeder Art – das ist eine total defensive Lebenseinstellung, die das Glück gewiss nicht fördert, sondern im Gegenteil: Sie schafft eher Bedingungen, die es schwer machen, sich frei zu fühlen. Denn Glück hat viel mit Freiheit zu tun – mit dem Gefühl von Freiheit, Autonomie, dem Gefühl, mutig zu sein: mit dem einverstanden zu sein, was gerade jetzt ist, und nicht dauernd zu hadern und sich ständig darüber Gedanken zu machen, was man alles noch brauchen würde. Das heißt also – Glück bedeutet Einswerden mit dem, was hier und jetzt ist.

Das im Hier-und-Jetzt-Sein kann aber auch missverstanden werden ...

Ja, genau, es kann sehr leicht verteufelt werden. Zum Beispiel hat ein Therapeut in diesem Zusammenhang auf jener Tagung über den Eros, die ich bereits erwähnt habe, gesagt, dann sei es wohl das Beste, wir hätten Alzheimer, dann könnten wir wirklich im Hier und Jetzt leben: Ich muss auf die Toilette und auf dem Weg zur Toilette vergesse ich schon, dass ich auf die Toilette wollte. Dieser dumme Witz ist natürlich eine Abwehr dessen, was mit Hier und Jetzt gemeint ist. Denn das Hier und Jetzt ist ein Gewahrsein des Ganzen – das Gewahrsein auch von Erinnerungen, von Erwartungen, Hoffnungen, Ängsten. Es ist ein Innewerden meiner selbst auch als geschichtliches Wesen – ich bin also im Hier und Jetzt auch verbunden mit meiner Vergangenheit und Zukunft. Deshalb bedeutet das Einverständnis mit dem, was im Hier und Jetzt geschieht, nicht: resigniert sein. Sondern Einverständnis heißt Einssein mit dem Lebensfluss, wie er sich jetzt gerade vollzieht, ein Einverständnis in Wachheit – offen für Veränderungen, bereit zum engagierten Tun.

Menschen, die im Augenblick spürend wach werden, sind glücklich. Und das ist dann kein konstruiertes Glück. Wir haben bereits über ein Glück gesprochen, das jenseits von Glück und Unglück ist, das sich also nicht auf diesen Gegensatz stützt, sondern das etwas Umfassendes meint. Zufriedenheit – in Frieden sein mit dem, was ist – ist auch ein Ausdruck dessen, was dieses umfassende Glück bedeutet.

Das wäre dann also eine erotische Grundeinstellung zum Leben. Aber wäre da vielleicht nicht zu viel Frieden und zu wenig Spannung?

Es gibt eine Spannung, die gegen einen anderen gerichtet ist, und es gibt eine Spannung, die daran erkennbar ist, dass sie Energie steigernd wirkt – eine Lebensspannung. Wenn ich einen guten Tonus habe, im Körper und in der Psyche, dann merke ich, dass ich viel Energie zur Verfügung habe. Wenn ich an einem Tag in diesem Zustand von Versöhnung mit dem Wirklichen aufwache, dann merke ich, dass ein guter Teil meiner Energie aktiviert ist, dann bin ich in einer erotischen Grundeinstellung. Die Lebensspannung zeigt sich gerade darin, dass ich in diesem Moment über sehr viel Energie verfüge. Spannung heißt ja nicht immer Gegenspannung, sich gegen etwas stellen, sondern Spannung meint auch einen gelungenen Tonus. Und der hängt kaum von den Lebensumständen ab.

Ich erinnere mich an ein Erlebnis in meinem ersten Beruf: Ich bekam als junger Priester eine Vikarsstelle, in der ich es oft mit kranken und alten Leuten zu tun hatte. Ich besuchte regelmäßig kranke Menschen. Bei einigen von ihnen habe ich eine tiefe Zufriedenheit festgestellt, was nicht heißen soll, dass sie eine anfängliche Rebellion gegen ihre Krankheit und das Altern nicht auch durchstanden hätten. – Ich erinnere mich an eine gelähmte Frau, die schon seit langem ans Bett gebunden war; ich war einer der wenigen, die sie regelmäßig besuchten.

Sie hatte eine solche Ausstrahlung, es war so viel Eros in dieser Frau: Wie dankbar war sie für die ganz kleinen Dinge des Lebens! Zum Beispiel ließ sie immer Futter streuen und freute sich dann so sehr über die Vögel, die kamen und das Futter fraßen. Oder sie schaute einem Baum zu, der im Frühjahr anfing zu blühen und dessen Blätter im Herbst herunterfielen. Sie lebte eine ganz intensive Verbindung – eine Spannung, die aus der Verbindung erwuchs, die sie mit der Außenwelt hatte: mit mir oder mit dem kleinen Stück Natur, das sie noch wahrnehmen konnte. Sie war kein unglücklicher Mensch, denn sie war im Einverständnis mit dem, was da war.

Der große Irrtum einer Gesellschaft, die auf der Tauschhandelsmentalität basiert, besteht darin, dass viele meinen, ihr Glück hinge mit dem zusammen, was sie haben, was sie besitzen. Aber Glück ist eine Befindlichkeit, in der ich bin – es gehört in den Bereich des Seins. – Wohin das führen kann, wenn wir unserer Sucht, immer mehr haben zu wollen, erliegen, führt das Märchen »Der Fischer und seine Frau« exemplarisch vor: Zum Schluss hat man dann gar nichts. Denn wenn der Effekt der Sucht vorbei ist, fallen wir in ein tiefes Loch und haben das Gefühl, gar nichts mehr zu haben.

Am Beispiel dieser alten, gelähmten Frau lässt sich wunderbar deutlich machen, wie der Eros im Alter aussehen kann: Er ist nicht verschwunden, sondern im Gegenteil, er wird überall im Alltag entdeckt. Irgendwie wird er kosmischer ...

Wenn der Eros in einer Beziehung potenziell nicht auch diesen kosmischen Charakter hat, dann ist er nicht echt, dann ist das eher ein Sich-an-den-anderen-Klammern, ein Abhängig-Sein. Von allem Anfang an ist dieser kosmische Charakter nötig, damit Eros wahr und echt ist. Die Erfahrung dieses Zusammenhangs kann dem Alter in der Tat einen neuen Sinn geben: Ältere Menschen haben ja die Möglichkeit, toleranter mit sich und den anderen umzugehen; sie müssen nicht mehr ständig werten und können für alles, was lebendig ist, offen sein. Sie können also eine Verbindung mit der Welt kultivieren, die sie als jüngere Menschen mitten in der Leistungsgesellschaft nicht so entwickeln konnten. Dann tritt bei vielen das ein, was man die Weisheit des Alters genannt hat und manchmal immer noch so nennt, selbst in einer Zeit, wo das Jungsein propagiert wird und es häufig vorkommt, dass ältere Menschen in lächerlicher Weise versuchen, Junge zu imitieren und möglichst jung auszusehen, wo also der junge Mensch das Idol ist und als Vergleichsgröße gilt, an der jeder sich zu orientieren hat.

Im Älterwerden geschieht ja auch eine Verlangsamung, die nicht nur biologischer, sondern auch psychologischer Natur ist – das Innehalten, Stillstehen mit dem Segen einer sorgfältigeren und verbundeneren Wahrnehmung des Ganzen. Man ist stärker mit der Natur verbunden, das eigene Ich wird etwas relativiert. Man ist versöhnt mit der Tatsache der eigenen Vergänglichkeit und öffnet sich auf ein größeres Ganzes hin. So wird auch der bevorstehende Tod in einen größeren Kreislauf des Stirb und Werde, des Kommens und Vergehens integriert. Im Älterwerden hat man die Möglichkeit, das zu erfahren, was der Buddhismus Entichung nennt. Ich kenne eine ganze Anzahl solcher Menschen, die auf diese Weise alt werden. Ich erlebe sie als sehr warmherzige und liebevolle Menschen. Leider ist das nicht die Mehrzahl.

Wir meinen, das Älterwerden führe zu einem unerotischen Leben. Und fürchten uns deshalb davor ...

Ja, weil wir Eros mit Sexualität verwechseln. Dabei ist es klar, dass im Alter die sexuelle Potenz genauso wie alles andere auch abnimmt. Aber es ist ein großer Irrtum zu meinen, dass in dem Maße, in dem die Sexualität weniger wird, auch der Eros abnimmt. Auch ältere Menschen können bis zu ihrem Tod Sexualität erleben, wenn auch nicht mehr in der gleichen Häufigkeit wie früher; sie brauchen sehr viel mehr Zärtlichkeit. Und wenn ältere Menschen Eros mit Sexualität verwechseln, dann findet schließlich auch Sexualität gar nicht mehr statt. Solche Menschen wirken dann verhärmt, verbittert, in sich verschlossen, schauen kaum jemanden an, wenn sie durch die Straßen gehen. Und dabei könnten sie etwas dazulernen, was sie bislang noch nicht gelernt haben – sich eine neue Dimension erotischer Begegnung erschließen: sich lange zu streicheln, sich in die Augen zu schauen, sich zu halten. Und dann regt sich auch ab und zu Sexualität, die nun auch gelebt werden kann.

In meinen Gruppen treffe ich oft auch ältere Menschen. Ich merke da immer wieder, wie wichtig es ist, diese Menschen zu berühren. Es gibt so viele junge Menschen, die ältere Menschen kaum noch berühren, selbst wenn es um die eigenen Verwandten geht: vielleicht noch ein kurzer Kuss oder eine flüchtig Umarmung, aber das sind bloß formale Gesten. Dabei ist es so wichtig, dass ältere Menschen die Erfahrung machen, dass sie jemand liebevoll berührt, dass jemand ihre Wange streichelt oder ihre Hand hält. Auch auf der Straße beobachte ich, wie verängstigt und scheu alte Menschen oft sind. Und wenn sie dann jemand grüßt, freuen sie sich so sehr. Sehr viel Pessimismus, mangelndes Selbstwertgefühl ist bei älteren Menschen in unserer Zeit anzutreffen. Das war früher anders, weil das Alter als eine Lebensphase mit großem Erfahrungsschatz hoch angesehen war. Und das haben wir heute in unserem Jugendwahn fast ganz vergessen. – Ältere Menschen unternehmen Busfahrten durch halb Europa, und doch fehlen ihnen oft kleine alltägliche Herzensbegegnungen.

Es wäre also heute tatsächlich ein »kosmischer Eros« vonnöten?

Eine kosmische Eros-Erfahrung vollzieht sich immer im Einzelnen selbst. Ich sitze nun hier, schaue zum Fenster hinaus und sehe dieses große Blatt der Bananenstaude. Ich sehe, wie es sich leise im Wind bewegt und kann das nüchtern registrieren, aber ich würde dabei mit meinem Betrachten draußen bleiben. Anders ist es, wenn ich nun in den Rhythmus dieses Blattes hineingehe und selber dieses Blatt bin, das sich auf und ab bewegt. Während ich das jetzt im Ansatz tue, indem ich es beschreibe, spüre ich eine Wärme in meiner Herzmitte und es ist eine Verbindung da – und dieser mein Bezug hat durchaus kosmischen Charakter: Das eine Blatt ist stellvertretend für das Ganze da – genauso, wie die alte Dame das von ihrem Bett aus erlebt hat: Etwas in ihr hat sich auf das Ganze hin ausgeweitet. Sie erfährt sich nicht mehr in ihrer Begrenzung und sagt nicht: »Ich sehe von meinem Bett aus nur diesen Baum, schade, dass ich nicht auch das sehen kann, was dahinter liegt – das Feld, die Sterne, den ganzen Himmel.« Diesen Gedanken hat diese Frau nicht, denn in dem einen Detail, auf das sich ihre Aufmerksamkeit richtet, ist wirklich das Ganze enthalten und die Begrenzung weggefallen. Das macht das Wesen eines kosmischen Gefühls aus.

Liest man Ihr Buch »Das Nein in der Liebe«, so hat man das Gefühl, dass Sie von der Hoffnung getragen waren, dass es das liebende Paar gibt ... Kann es sein, dass Sie vor zwanzig Jahren ein großer Idealist waren? Ist es nicht eher so, dass Stefan Heym in seinem »König David Bericht« Recht hat: Ein Mann braucht drei Frauen? Und im Umkehrschluss eine Frau drei Männer? – Denn wäre das nicht eine große Lebenskonstruktion, alles von einem einzigen Menschen zu erwarten?

Wenn ich in einer Begegnung wirklich ganz drin bin, dann ist es mir gar nicht möglich, sie gleichzeitig zu relativieren – dann kommen diese Fragen gar nicht auf. Das, was zwischen uns so intensiv geschieht, kann nicht im selben Moment relativiert werden. Gerade in solchen Begegnungen, in denen wir ganz da sind, geschieht etwas sehr Schöpferisches und Fruchtbares: In einem einzigen Augenblick vollzieht sich Ewiges. Und das lässt sich nicht in eine chronologische Abfolge hineinstellen und vergleichen. In vielem, was ich über die erotische Grundeinstellung gesagt habe, steckt genau diese Erfahrung ewiger Begegnung. Und in dieser Hinsicht bin ich eben noch immer Idealist, denn das ist es, was ich immer noch suche und für wesentlich halte.

Wenn ich ganz in einer Begegnung präsent bin, dann bin ich wirklich monogam. Und noch viel mehr: Wenn ich diese Art von Begegnung mehr und mehr bewusst kultiviere und sie meinen Lebensstil prägt, steigere ich genau diese Fähigkeit, in einer Beziehung besonders stark und intensiv zu sein. Mit dieser Intensität kann ich mich nicht gleichzeitig auf drei Personen beziehen, höchstens im Nacheinander. Wenn diese Intensität jedoch meine Grundeinstellung immer mehr prägt, dann meine ich, hat eine Liebesbeziehung wirklich die Chance, etwas sehr Zentrales in meinem Leben zu bleiben, selbst wenn sie sich weiter entfaltet oder in eine andere Richtung entwickelt. Denn, was mich in einem intensiven Augenblick der Begegnung beseelt hat, wird mich auch später nicht verlassen und immer noch beseelen.

Und heute ist das vielleicht noch stärker in mir als früher, dass Beziehungen dieser Art ein Leben lang dauern können. Damit meine ich keine erzwungene Monogamie, die andere Liebesimpulse abwehren muss, sondern dass eine Zentrierung in mir selbst und im anderen innerhalb der Beziehung besteht. Wohlfahrtsehen, die oft auch ein Leben lang dauern, meine ich also gewiss nicht. Dagegen spreche ich von lebendigen Paaren

– und in meinem Bekanntenkreis gibt es einige –, die diese Art von intensiver Begegnung kultiviert haben: Sie lassen sich gegenseitig frei, haben einen tiefen Respekt vor der Autonomie des anderen, nehmen auch den Schmerz auf sich, dass der andere sich auch einmal mit großer Intensität in einer anderen Beziehung befindet – wobei ich da nicht missverstanden werden möchte. Ich empfehle hier kein Programm! Es gibt ja viele Paare, die von vornherein als ein Programm kundtun: »Damit das klar ist: Ich bin polygam und möchte es auch bleiben!« Solche Menschen sichern sich ab, bevor sie sich überhaupt auf den anderen eingelassen haben. Das heißt dann auch, dass sie sich auf die Begegnung gar nicht einlassen wollen. – Wenn es aber in einer Beziehung, die wirklich eine Begegnungsbeziehung ist, geschieht, dass einer von beiden eine andere intensive Begegnungserfahrung macht, dann kann das akzeptiert werden, obwohl es immer mit Schmerzen verbunden ist. Es ist möglich, dem anderen diese Freiheit zu lassen. Ehen, die ein Leben lang gehalten haben, gehören oft in diese Kategorie: In ihnen wurde Bezogenheit und Freiheit gelebt.

Ich meine, dass eine Begegnungsbeziehung nicht eines Tages zu Ende gehen kann: Sie kann ihre Form ändern, sie ist vielleicht nicht mehr die zentrale Beziehung, aber sie findet, nach einer Zeit der Distanz, in eine neue Form hinein. Das war bei mir und meiner Frau ganz deutlich der Fall. Die Liebesbeziehung, die mich während der achtzehn Ehejahre mit Heike verband, hat sich transformiert – und jetzt ist sie authentischer, passender, als wenn wir unsere Ehe weitergeführt hätten.

Es wäre ja merkwürdig, wenn ein Mensch, der für uns einmal von großer Bedeutung war, plötzlich nichts mehr mit uns zu tun hätte, vor allem innerlich. Das Gefühl der Liebe kann nicht einfach verschwinden. Das zeigt sich auch in Träumen, dass oft von früheren Partnern geträumt wird. Es gibt nicht nur eine Kultur der zentralen Beziehung, sondern auch eine der Weiterführung ehemals zentraler Beziehungen. Und genauso gibt es auch eine Freundschaftskultur, die wir außerhalb der zentralen Beziehung pflegen. Wie notwendig die ist, davon haben wir schon gesprochen.

Inwiefern ist Monogamie kulturell bedingt?

So wie ich sie vorhin geschildert habe, ist sie nicht kulturell bedingt, sondern entspricht unserem Wesen und gehört zu unserer Entwicklung als Beziehungsmensch. Natürlich können wir durch mehrere Personen erotisch angesprochen sein, aber wir können nicht zu allen eine intensive Lebensbeziehung haben. Selbst im früheren, polygamen Islam hatte der Mann eine Hauptfrau. Ich weiß nicht, inwiefern im Islam nun eine Liebesbeziehung im Sinne einer Lebensbeziehung kultiviert wurde, da ist mir diese Kultur zu fremd. Deswegen gehe ich in solchen Fragen immer nur von meinen eigenen Erfahrungen und von psychologischen Grundtatsachen aus. Auch setzt das von mir Gesagte voraus, dass in einer Gesellschaft Männer und Frauen gleichwertig betrachtet werden, was umso weniger der Fall ist, je patriarchalischer sich eine Gesellschaft gebärdet.

Gesell-schaft

»Indem sie sich beide in der einen Hingabe erfahren, sind sie keineswegs in einer Welt zu zweit eingeschlossen, sondern die eine Hingabe wird für sie zur einen Bewegung, zum Rhythmus der ganzen Welt ... So wird der Koitus zur eigentlichen Urbewegung.« (A)

»Eine Liebe, die sich in einem Egoismus zu zweit von der übrigen Welt absondert, kann nicht von Dauer sein. Sie wird ihrem inneren Widerspruch zum Opfer fallen.« (N)

»Von Technologen müssen wir zu ,Erotologen' werden: zu Menschen, deren Verstand einen Bund mit dem Herzen schließt.« (WDB)

Inwiefern schleichen sich die Konkurrenzmodelle einer Gesellschaft, die den wärmenden Eros leugnet, in die Beziehungsdynamiken von Paaren ein?

Ich erzählte bereits, dass ich neulich in Wien war. Da habe ich auch ein modernes Drama im Burgtheater gesehen, in dem es um eine ähnliche Frage ging. Das Stück hieß »Das Maß der Dinge«, verfasst von Neil La Bute. Es ging um eine junge Psychologie-Studentin, die sich im Zusammenhang mit ihrer Diplomarbeit ein ganz konkretes Ziel gesetzt hatte: nämlich zu beweisen, dass es möglich ist, einen Partner völlig zu manipulieren und nach den eigenen Bedürfnissen zu verändern. So macht sie einem jungen Mann vor, sie würde Liebe für ihn empfinden. Und alles, was sie von sich erzählte – ihren Namen, das Geburtsdatum usw. –, alles war falsch. Ihr Partner hat dann auch tatsächlich nach ihrer Pfeife getanzt: Er ließ sich auf ihren Wunsch an der Nase operieren, trug nur noch ganz bestimmte Kleider usw. Sie wollte eben zeigen, dass es möglich ist, aus einem Menschen ein Kunstprodukt zu machen. Am Schluss des Stücks offenbarte sie sich, hielt einen Vortrag über ihre Arbeit, machte eine kleine Ausstellung – mit den früheren Klamotten des Mannes und mit den heutigen, Bilder, wie er vorher aussah und wie er jetzt aussieht ... Als der Mann dies alles erfuhr, war er natürlich total schockiert und hielt dann seinerseits ein Plädoyer gegen diese Welt, in der alles manipuliert und verfremdet wird. Er konnte es nicht fassen, dass im Zusammenleben mit dieser Frau gar nichts echt gewesen sein sollte. Dann kommt allerdings gegen Ende ein letzter hoffnungsvoller kleiner Lichtblick. Nachdem er sie lange ausgefragt hatte: »War auch das nur geheuchelt und falsch?«, und sie immer wieder antwortete: »Ja, auch das!«, nachdem ein gemeinsames Erlebnis nach dem anderen in seiner Lüge enttarnt wurde, sagte sie ganz zum Schluss: «Erinnerst du dich, als wir dann und dann im Bett lagen, damals habe ich dir etwas ins Ohr geflüstert. Das war der einzige Moment, da ich Liebe empfunden habe.« Es gab also so einen kleinen Moment, eine kleine Hoffnung in dieser Designerwelt, wo alles entworfen und der perfekte Mensch konstruiert wird, wo die millionenschwere Lifestyle-Industrie versucht, den Menschen nach ihren wirtschaftlichen Zielen zu modellieren. Es gibt also auch in einer solchen Welt eine kleine Hoffnung – das ist die Aussage dieses Stücks. Es bleibt jedoch offen, was sie ihm ins Ohr geflüstert hat.

In unserer Leistungsgesellschaft ist alles zweckorientiert und vorprogrammiert, selbst Liebesbeziehungen geraten unter den Druck dieser instrumentalisierten Welt. Das Machbare nimmt immer größeren Raum ein. Der Bereich des Habens wird immer größer und der Bereich des Zusammenseins immer kleiner. Die Frage, was habe ich an dir, wird immer lauter, während die Frage, wie bin ich mit dir, kaum noch vernehmbar ist. Auch Partnerschaft ist für viele nur Programm, eine Anspannung und Hetze ohne Ende. Es wird kommuniziert, um den Partner für sich zu vereinnahmen – genau das ist wirtschaftliches Denken, eine Art von Kannibalismus: Ich fusioniere mit dir, ich fresse dich. Ich praktiziere mit dir eine »feindliche Übernahme», wie einige Fusionen genannt werden, und manipuliere dich auch gegen deinen Willen und gegen das, was du bist – also das pure Gegenteil von Resonanz! Konkurrenz statt Miteinander: »Du bist mir nur solange interessant, solange du in meinem Sinne funktionierst.«

Eine Partnerschaft, die sich aus all dem ableitet, geht ausschließlich von Vorstellungen und Bildern aus und nicht von einer unmittelbaren leiblichen Erfahrung. In ihr ist Mittelbarkeit statt Unmittelbarkeit da, Vorstellung statt Berührung, Lüge statt Klarheit und Wahrheit. Auf diese Weise können wir

Wahrheit nicht erfassen; wir wissen nicht, was unsere Wahrheit ist. Watzlawick hatte zum Teil Recht, wenn er sagte, alles wird uns vermittelt; aber er hatte darin Unrecht, dies zu verallgemeinern. Es gibt auch unmittelbare Erfahrungen. Wäre das nicht so, müssten wir kapitulieren, dann wären wir tatsächlich völlig manipulierbar, und die schöne neue Welt wäre dann nur noch eine Frage der Zeit. Es gibt diesen kleinen Moment, wie ihn uns jenes Theaterstück vorführt, in dem das Wahrhaftige in uns durchbricht.

Dadurch, dass wir ein wenn auch unbewusstes Nein zum Eros aussprechen und unseren erotischen Weltbezug verlieren, geht unser krankes System siegreich hervor – wir haben Individuen, die den Sinn des Lebens darin sehen, stets zu produzieren und auf Höchsttouren zu funktionieren ... Hätten wir einen erotischen Weltbezug, würden wir dieses System in die Luft sprengen, die Anarchie würde ausbrechen ... Ist Therapie in letzter Instanz nicht Anarchie? – Andererseits ist zu beobachten, dass Menschen in Therapien eher nur »gekittet« werden, um weiter zu funktionieren und das alte Lebensmodell unhinterfragt wieder annehmen zu können.

Diese Formen von Therapie sind wirklich ein Kind unseres Zeitgeistes und sie haben großen Erfolg, weil sie Menschen in ihrer Leistungsorientierung und in ihrer Gewohnheit, einzelne Probleme zu lösen, statt sich selber zu spüren und im Spüren zu wandeln, bestärken. Aus der Gewohnheit heraus kommt auch das Bedürfnis: »Ich habe dieses Problem – ich funktioniere nicht, wie ich funktionieren müsste. Ich habe eine Arbeitshemmung oder einen Waschzwang oder eine depressive Verstimmung. Und ich möchte dieses einzelne Problem weghaben!« Der Spezialist, der Psychotherapeut, ist dann dazu da, diese Leistung zu erbringen. Und ich glaube, dass eine große Zahl von Psychotherapeuten in diese für unsere Zeit typische Falle hineintappt. Das ist eine einfachere Form von Therapie. – Eine

Psychotherapie, die wirklich nicht einfach nur Einzelprobleme lösen und gewisse Lücken kitten will, die den ganzen Menschen meint, geht viel differenzierter vor: Es sind lebendige Prozesse, die dabei vonstatten gehen, und sie fordern vom Psychotherapeut viel Know-how – aus verschiedensten Bereichen.

Ich kann als Therapeut sagen: »Ich muss jetzt dieses ganz bestimmte Problem lösen, und dazu verwende ich diese oder jene Methode. Das habe ich so gelernt.« In vielen Fällen gelingt es auch, das einzelne Problem zu beheben. Natürlich bleibt die auf das Einzelproblem, das einzelne Leiden hin orientierte Psychotherapie nach wie vor unerlässlich und notwendig. Als gesellschaftliche Wesen müssen wir in dieser Gesellschaft funktionieren können. Die andere Form von Psychotherapie jedoch, die ich meine, erfordert die gesamte Persönlichkeit des Therapeuten, d. h. auch, dass er selber vieles in sich geklärt haben muss.

Psychotherapie muss in einer gewissen Weise in der Tat Anarchie unterstützen, denn die Rebellion des Patienten, die sich in seinem Symptom zeigt, die kommt ja aus einer noch unbewussten Wahrnehmung des eigenen Wesens. Etwas rebelliert in mir, dass ich innerlich so wenig Struktur habe, dass es mir zum Beispiel an meinem natürlichen Temenos fehlt, und ich schaffe einen Zwang (Waschzwang oder Ähnliches). Es gilt für den Therapeuten, sich mit dem Ursprung dieser Rebellion zu verbinden. Es ist notwendig, sich eigene innere Grenzen durch den therapeutischen Prozess zu schaffen. Und diese können nun tatsächlich vielleicht überhaupt nicht mit dem übereinstimmen, was die Gesellschaft möchte, sodass sie einen sogar unter Druck setzt: »Du darfst keine eigenen Grenzen haben! Du musst die Strukturen übernehmen, die wir dir auferlegen, damit wir mit dir Geld verdienen können und wirtschaftlich erfolgreich bleiben!«

Es geht also darum, dass der Therapeut nicht einfach nur den vordergründigen Wünschen des Patienten entspricht, der sagt: »Nimm mir diesen Zwang weg!«, sondern dass er in Resonanz mit dem tiefen Bedürfnis des Patienten tritt, die heilsame Wurzel seines Zwanges zu ergründen.

Nebenbei gesagt: Den Ausdruck »Patient« gebrauche ich nicht so gerne; allerdings passt mir »Klient« auch nicht, das klingt nach Handelsbeziehung. Manchmal gebrauche ich den Ausdruck »Therapiepartner«, allerdings erst dann, wenn in der Arbeit mit einem bestimmten Menschen wirklich nach und nach eine partnerschaftliche Beziehung entsteht, am Anfang ist das unrealistisch – am Anfang ist es eher so, dass der andere tatsächlich Patient ist.

Der Therapeut darf also nicht zum Handlanger gesellschaftlicher Normen werden. Und wenn er nichts anderes tut, als Symptome zu beseitigen, statt die heimliche Rebellion des Patienten zu unterstützen, weil sie aus dem Bedürfnis nach eigener individueller Entwicklung kommt, dann stellt er sich zweifelsohne in den Dienst der normativen Gesellschaft. – Aber auch die Auflösung der Symptome geschieht meist dauerhafter durch eine solche wesenhafte Psychotherapie.

Wenn der Patient dann aber tatsächlich systemresistent wird und nicht mehr so leben kann, wie er früher gelebt hat und dann beispielsweise nach Indien ausbrechen will –, sollte Indien dann für ihn der Weisheit letzter Schluss sein?

Das ist ja die Kunst, eine innere Veränderung, das Gespür für den eigenen Bezirk, mit dem konkreten sozialen Umfeld zu verbinden, denn wir sind nicht nur theoretisch Beziehungswesen, wir sind es auch praktisch. Es gehört zu unserem Wesen, dass wir uns in einem energetischen Austausch mit der Umwelt befinden, wie immer sie auch sein mag. Es geht also um eine Verbindung und nicht um eine Flucht nach Indien oder wohin auch immer, denn das wäre ein Umschlag ins Gegenteil, aber ein genauso unbewusster. Beide Extreme würden mir unbewusst bleiben. Konkret gewendet: Nachdem jemand sich zwanzig oder dreißig Jahre lang am Schreibtisch mit dem PC die Augen und den Rücken kaputtgemacht hat, entscheidet er sich nun, nach Indien auszubrechen und mit erleuchteten Augen durch die Welt zu gehen und dabei das Geld aufzubrauchen, das er durch viele Jahre stupiden Arbeitens erworben hat.

Es wird zwar manchmal wirklich spätestens nach einer Therapie klar, dass man einen radikalen Strich ziehen muss; es wird einem Menschen deutlich: »So geht es nicht weiter! Ich muss eine Grenze überschreiten! Ich muss mit allem aufhören, was ich bisher gemacht habe!« Das gibt es auch; aber sehr viel häufiger wird eine neue lebbare Verbindung auch im gewohnten Umfeld möglich.

Also – schon Anarchie, aber nicht um der Zerstörung, sondern um einer neuen Verbindung willen; im Entwicklungsprozess bleiben und das realistisch Mögliche in Verbindung zu mir und meinem Umfeld suchen.

Menschen, die alles im Griff haben wollen, sind sie zu bewundern oder zu bedauern?

Vordergründig bewundern wir sie zwar vielleicht, aber gleichzeitig bedauern wir ihren Mangel an Lebendigkeit und schöpferischer Öffnung. Das ist der Leistungstypus, der Sisyphus-Typus, der versucht, alles zu kontrollieren, der den Stein auf den Berg in der Unterwelt hinaufwälzt, immer wieder, aber den Gipfel nicht erreicht. Er kann den Stein nicht auf der anderen Seite herunterrollen lassen, weil ihm der Stein vorher schon entgleitet. Wenn es ihm gelänge, würde er Unsterblichkeit erlangen, heißt es im Mythos. Aber wie soll es ihm gelingen? Er versucht ja das Unmögliche: den Tod zu überwinden. Es kann ihm also nicht gelingen, alles zu kontrollieren und den Tod zu überwinden. Der Tod im Leben ist ein Sich-ins-Leben-Hineinsterben und bedeutet: geschehen lassen!

Es scheint so, als gäbe es Menschen, die alles im Griff haben. Das mag auch in der beruflichen Situation stimmen. Wenn wir jedoch die private Situation dieser Menschen ins Auge fassen, so stimmt es meistens nicht mehr: Sei es, es gibt eine Beziehungskrise, weil die Frau nicht mehr mitmachen will; sei es, dass die Kinder die Anarchie leben, die der Vater unterdrückt, dass also im Lebenslauf der Kinder Aspekte zum Ausdruck kommen, die der Vater selbst nicht lebt; oder sei es, dass zwar auch im privaten Bereich durchaus vordergründig alles in Ordnung ist, dann aber kommt auf einmal die Midlifecrisis, eine depressive Verstimmung oder eine körperliche Krankheit und plötzlich funktioniert die Kontrolle nicht mehr und man bricht zusammen. – Solche Erfahrungen bleiben keinem Menschen erspart, einem Sisyphus-Typus schon gar nicht.

Ich stelle in Therapiegruppen fest, dass Menschen, die in einem geschützten Rahmen einen Kontrollverlust erleben, dafür sehr dankbar sind. Sie erfahren eine wohltuende Unmittelbarkeit und es wird viel Lebendigkeit, Freiheit, Entspannung freigesetzt. Sie erleben, wie schön und heilsam es ist, die Kontrolle nicht zu verlieren, sondern sie spürend und ganz bewusst aufzugeben.

Viele fürchten doch, dass sie, wenn sie ihren »Energiekäfig« öffnen, ihrem Partner oder den Mitmenschen einfach zu viel sind ... Es stellt sich die Frage, wie viel Energie verkraftet mein Umfeld?

Ich glaube, hinter dieser Frage steckt ein Missverständnis, denn wenn es wirklich so ist, dass man dem anderen zu viel wird, dann stimmt auch etwas mit der eigenen Erfahrung befreiter Energie nicht. Wenn sich nämlich ein Mensch wirklich zu sich selber hin befreit hat, dann tritt er auch in Resonanz mit den anderen und in Verbindung mit dem, was in dieser Situation möglich ist. Und wenn andere es dann als zu viel empfinden, so heißt das, dass die eigene Lebensenergie nicht wirklich in Freiheit fließt, dass es da noch etwas Unerlöstes gibt, was dann kompensiert wird. Wer kennt solche Menschen nicht, die meist sehr verschlossen sind, aber manchmal unter irgendwelchen glücklichen Umständen plötzlich losschießen? Sie werden dann überschwemmend, hören nicht mehr auf zu reden; und der andere kann kein Wort mehr sagen. Das ist eigentlich eine Kompensation von etwas, das ihnen fehlt. Die Befreiung der Energie ist noch nicht ganz echt, sodass man den Lebensausdruck forcieren muss.

In einer Zweierbeziehung vergisst man oft die Welt da draußen und igelt sich in seinem engen Nest ein. Inwiefern erwächst eine erotische Einstellung nicht nur aus der Zweisamkeit, sondern aus dem gesamten Beziehungsgeflecht, das uns umgibt?

Wenn wir über eine längere Zeit in einer Partnerschaft leben, richtet sich der Eros auch in viele andere Richtungen – er kann zum Beispiel sehr stark in den Beruf hineinfließen, in einen Beruf, der uns stark motiviert und bewegt. Und es ist ganz natürlich, dass nach der ersten Phase der Verliebtheit in einer Beziehung sich auch etwas auf andere Menschen hin öffnet, auch wenn die zentrale Beziehung bleibt. Pointiert könnte man sagen: Eine Verbindung von Monogamie und Polyerotik kommt zustande.

Eine erotische Öffnung auf die Welt hin – das ist eine ganz natürliche Entwicklung, die sich bei jedem Paar vollzieht, wenn nicht frühe Ängste und Verlassenheitserfahrungen zwei

Menschen daran hindern, diesen Schritt zu tun. Es ist ganz normal, dass wir uns der Welt entziehen, wenn wir verliebt sind; aber es ist genau so normal, dass wir nach einiger Zeit wieder lernen, uns besser abzugrenzen, und dass der Eros sich ausweitet, dass wir also gleichzeitig mit dem Partner zusammen die Hälften einer Kugel bilden, um mit Platon zu sprechen, und andererseits auch den Freundeskreis, die Umwelt in unseren Eros mit einbeziehen. Heute ist mehr und mehr auch der Aspekt des ökologischen Eros zu unterstreichen. Denn Ökologie ist nicht nur etwas, das einer rationalen Notwendigkeit entspringt, das wäre zu wenig motivierend, sondern sie drückt unsere tiefe erotische Verbindung mit der Umwelt aus: Unser Leben hängt spürbar davon ab, inwieweit wir uns ökologisch engagieren – und dazu muss uns bewusst werden, dass nicht nur unsere vier Wände unser Haus sind, sondern die ganze Erde unser Haus ist – »oikos« heißt im Altgriechischen Haus, davon leitet sich ja auch die »Oikumene« ab, die bewohnte Erde. Auf dieses ganze Beziehungsgeflecht hin, das selbstverständlich nicht ohne Spannungen und Schwierigkeiten existiert, können wir uns aus einer erotischen Verbindung heraus öffnen.

Wir sind so sehr stolz, es geschafft zu haben, freie Individuen in einer demokratischen Welt zu sein – trotzdem sind die Psychiatrien voll und viele laufen wie Mumien durch die Gegend, scheuen sich, den Mitmenschen in die Augen zu schauen ... Was ist los mit uns heute?

Wir sprechen ja im Zusammenhang mit Fortschritt immer nur vom technischen Fortschritt. Es ist uns zwar gelungen, die Arbeitskraft eines Menschen durch eine Maschine, durch einen Computer zu ersetzen –, aber das kann menschlich ein enormer Rückschritt sein. Wenn Menschen ohne Arbeit und ohne das Gefühl eines sinnvollen Engagements durch die Welt gehen, werden sie depressiv, krank oder süchtig. Und all das hängt mit dem so genannten »Fortschritt« zusammen.

Eine zukünftige Politik müsste sich wieder sehr viel stärker mit philosophischen und psychologischen Einsichten über den Menschen beschäftigen. Denn auf Dauer kann man mit Menschen, die sich selbst entfremdet sind, keine menschliche Welt schaffen. Eine radikale Neuordnung im Sinne des Menschlichen wird von keiner der vielen politischen Parteien angegangen, die ohnedies fast keine Unterschiede mehr aufweisen. Ob links oder rechts, alle unterliegen sie denselben Zwängen. Vieles ist in uns tot, und wenn wir keine Chancen haben, spürbewusst und sinnvoll zu leben, dann werden wir wie Mumien durch die Welt laufen: So wie Tote in getrennten Gräbern, so leben die Menschen dann nebeneinander.

Es ist sicherlich nicht zufällig, dass gerade heute die Faszination für fernöstliche Philosophie wächst. Ein Beispiel: Wie wunderbar ist die Tatsache, dass in der hinduistischen Philosophie eine Gleichung zwischen der Einzelseele, atman, und der Weltseele, brahman, besteht! Das individuelle Selbst ist eigentlich das kosmische Selbst, es ist das Ganze. Solche Gedanken faszinieren viele Menschen; nur viele können dann die Brücke zu ihrem realen Leben nicht schlagen: Die Begeisterung für fernöstliches Denken bleibt oft eine reine Kompensation für etwas, was im alltäglichen Leben fehlt. Sie pendelt zwar etwas aus, schafft aber keine Lösung.

In meiner Arbeit versuche ich immer wieder, dem Einzelnen solche Erfahrungen näher zu bringen und sie für seine ganz konkrete Entwicklung brauchbar zu machen. Das ist die Aufgabe von Psychotherapie, wie ich sie verstehe.

Es gibt viele Randgruppen, bei denen eine eigentümliche Lebhaftigkeit durchscheint, z. B. Penner, die sich unter der Brücke laut unterhalten. Was spiegeln uns diese von der Gesellschaft ausgestoßenen Menschen?

Es ist leider so, dass in solchen Randgruppen, in denen die meisten Menschen süchtig sind, zwar vordergründig ein Austausch da ist, aber kein zuverlässiger Austausch. Solche Menschen können sich nicht wirklich aufeinander verlassen: Der Kumpel, mit dem man soeben geschwätzt hat, verschwindet, wenn man im Elend ist.

Ich glaube, dass diese Randgruppen der Gesellschaft insofern eine Faszination ausüben, als sie ein tiefes Bedürfnis nach Anarchie, nach Unangepasstheit spiegeln. Für viele läuft da allerdings eine negative Faszination im Sinne von Ablehnung, Aggression ab: Impulse, wie sie im Nationalsozialismus in die Tat umgesetzt wurden: »Die müssen alle in ein Arbeitslager!« Für andere wiederum ist es eine positive Faszination: Diesen Menschen ist gelungen, sich nicht von den Normen der Gesellschaft vereinnahmen zu lassen. – Die Ausgestoßenen sind eben die Parias der Gesellschaft: Sie verkörpern unsere Schattenaspekte, sowohl Anziehendes als auch Abstoßendes.

In Indien gibt es die so genannten »Unberührbaren«. Man darf mit ihnen nicht in Berührung treten, sie verrichten die allerniedersten Arbeiten: Putzarbeiten, Toiletten säubern ... Von diesen Menschen geht auch eine gewisse Faszination aus, weil sie nicht eingebunden sind in die feste Ordnung des Kastenwesens.

Ich erinnere mich, dass ich als Jugendlicher, der in der wohl behüteten Umgebung einer gut strukturierten, wohlhabenden Familie aufwuchs, manchmal mit meinem Taschengeld in das letzte aller Warenhäuser, in der Nähe des Bahnhofs in Winterthur, ging und an einem Stehtisch in Gesellschaft einfachster Leute einen Teller Suppe aß. Das wirkte auf mich wie Stallwärme und hatte eben auch etwas Anarchistisches – obwohl es in mir damals völlig unbewusst geschah: Es war wie eine kleine Rebellion gegen das Allzugeordnete, das einen auf seine Weise auch unterdrücken kann. Die unmittelbare »primitive« Wärme, auch die Fantasie von ganz verruchten Möglichkeiten, Mensch zu sein, von sexuellen Perversionen, von irgendwelchen Verrücktheiten, die man auch noch machen könnte, das Weite suchen und abhauen – all das kann einen dazu bringen, die Gesellschaft solcher Menschen zu suchen. Es ist eine ambivalente Faszination.

Wir stehen alle unter einem normativen Druck – die Spontaneität kommt in unserem Verhalten meist zu kurz. Inwiefern könnten wir sie uns leisten und dabei Veränderungen in Gang setzen?

Wir müssen zuerst mit unserer Spontaneität gute Erfahrungen machen. Wenn wir sie in unseren Ursprungsfamilien nicht gemacht haben, wenn wir »Schlüsselkinder« waren – und »Schlüsselkinder« tun, was sie wollen, weil niemand da ist, der auf sie reagiert, niemand übt mit ihnen Resonanz –, dann kann es sein, dass wir mit unserer »Spontaneität« auflaufen. Viele Menschen machen erst in Therapiegruppen eine gute Erfahrung mit Spontaneität. Sie merken: Es ist Resonanz da, es befreit sich etwas in mir und setzt etwas auch im anderen frei. So machen sie ihre Erfahrungen mit einer wachen Spontaneität, die nicht gleichzusetzen ist mit Impulsivität – unter Impulsivität verstehe ich etwas ganz Unbewusstes, Eruptives, überhaupt nicht Bezogenes, etwas ganz Unangepasstes in dem Sinne, dass etwas zum Ausdruck kommt, was in der Tiefe weder mit einem selbst noch mit den anderen in Verbindung steht. Damit machen wir natürlich schlechte Erfahrungen. Der Begriff der Spontaneität wird häufig in ähnlichen Zusammenhängen verwendet wie das Wort Impulsivität. Es gab zum Beispiel den Ausdruck »Spontis«, das hat mit Spontaneität, wie ich sie verstehe, gar nichts zu tun, sondern ausschließlich mit Impulsivität. Im Lateinischen heißt »sponte sua« »aus eigenem Antrieb heraus«. Nun kann dieser eigene Antrieb aber nach innen und außen bezogen sein oder eben unbezogen. Wenn er bezogen ist, dann ist er in meiner Wortwahl mit Spontaneität verbunden, wenn er unbezogen ist, dann mit Impulsivität. Wir müssen die Begriffe, die wir verwenden, genau definieren.

Inwiefern täte uns im Zusammenhang mit unseren gebremsten und kontrollierten Äußerungen eine »Leiblichkeit des Denkens« gut, die Sie in Ihrem Buch »Die Wunde der Ungeliebten« thematisieren?

Damit Spontaneität nach und nach in meinem Sinne kultiviert werden kann, braucht es Leiblichkeit – eine möglichst kontinuierliche leibliche Selbsterfahrung: die Erfahrung des Im-Leibe-Seins. Diese Leiblichkeit bezieht sich auf alle unsere Funktionen, eben auch auf das Denken. Ein leibliches Denken ist nicht ein Denken, das von einem Objekt weg-denkt, das also auf Distanz geht und abstrakt irgendwelche Anschauungen und Vorstellungen entwickelt, die teilweise auf unpassenden Projektionen beruhen, sondern ein Denken, das gewissermaßen an den unmittelbaren Erfahrungen entlang denkt: ein leibliches Bei-den-Dingen-oder-Menschen-Bleiben. Wenn ich an einem Menschen entlang denke, heißt das schon auch, dass ich mich manchmal etwas entferne – ich brauche auch diesen Reflexionsabstand. Aber ich kehre wieder zurück ins Spüren seiner Person, entferne mich dann wieder, aber nicht zu weit, denn sonst würde ich in den Bereich der bloßen Vorstellungen kommen, der kühlen, distanzierten, analytischen Überlegungen, die vielleicht mit dem anderen wenig zu tun haben. Dann kehre ich wieder zurück usw.

Dieses leibliche Denken ist wohltuend, weil es ein warmes und wärmendes Denken ist, nicht nur für den, der denkt, sondern auch für den, über den nachgedacht wird. Denken wird ja oft mit Kühle und Distanz verbunden. Das leibliche Denken ist ein verbindendes Denken, weil es auf dem Spürbewusstsein beruht, also einem Bewusstsein, das immer wieder in die Unmittelbarkeit momentaner spürender Erfahrung zurückkehrt, sich aber auch immer wieder etwas entfernt, denn das beobachtende, reflexive Denken ist eben auch notwendig. Ich will es nicht entwerten oder sogar verteufeln, wie das oft in einer falsch verstandenen Esoterik getan wird: »Du darfst nicht mit dem Kopf, sondern nur mit dem Bauch entscheiden, was du tust!« Es geht aber überhaupt nicht um dieses »entweder Kopf oder Bauch«, sondern immer um beides.

Leibliches Denken hält das Denken kreativ und lebendig; es rastet somit nicht in eine feste Begrifflichkeit ein. Deshalb versuche ich auch, in meinen Büchern möglichst wenig feste Begriffe zu gebrauchen – es entspräche meinem phänomenologisch-empirischen Denken und meiner Erfahrungssprache nicht.

Um Wärmendes in der Welt überhaupt erfahren zu können, brauchen wir doch Lehrmeister. Wer könnte unser bester Lehrmeister sein, um uns wieder spürbewusst zu machen?

Natürlich ist er in allererster Linie in uns selbst vorhanden – als unser inneres Kind. Nur ist ja gerade das innere Kind dort blockiert, wo es an äußerer Resonanz gemangelt hat. Wir sind vor solchen Schwellen stehen geblieben, wo wir nicht genug Antworten gefunden haben. Wenn also ein Kind immer wieder vertrauensvoll seine Arme geöffnet hat und nie in die Arme genommen wurde, wenn es also niemanden gegeben hat, der es zärtlich in seiner Öffnung der Liebe ermutigt hätte, dann wird sich dieses Kind aufgrund des Mangels an Antworten blockieren und kommt nicht weiter.

Ich erwähne das deswegen in diesem Zusammenhang, weil das natürlich auch heißt, dass es zwar später sicherlich auch darum geht, dass das Kind in uns geweckt wird, es in uns spürend da ist und mitredet in der Gestaltung unseres Alltags. Jedoch braucht es dazu eben die Erfahrung von Resonanz – genau die Erfahrung, die ihm gefehlt hat. Das kann nun ein Liebespartner sein, der diese Resonanz gibt, die man in seiner Ursprungsfamilie nie erlebt hat; es kann aber auch ein Therapeut oder ein Freund sein, je nach Schweregrad der Verletzung und Störung.

Das »Kind« sollte ein Mitspracherecht bekommen in unserem erwachsenen Dasein. Das darf aber nicht zur bloßen Regression werden – dass wir also vom Erwachsenen total zum Kind werden. Eine solche Regression wäre nicht fruchtbar. Wichtig ist, dass wir in eine Regression hineingehen Schritt für Schritt, aber als spürende erwachsene Menschen. Die konkrete Verbindung zwischen dem Kind und dem Erwachsenen in uns muss da sein, damit eine fruchtbare Regression in eine neue Gestaltung des Lebens hineinführt. C. G. Jung spricht in diesem Zusammenhang von einer progressiven Regression im Sinne von: »Zurückgehen, um besser zu springen!«

Wenn man Kinder beobachtet, dann beneidet man sie manchmal, da sie sich dem Fluss des Geschehens so sehr hingeben können. Was können wir von ihnen als Erwachsene abschauen?

Es geht nicht einfach darum, dass wir als Erwachsene etwas vom Kind abschauen, sondern dass wir in Verbindung mit dem Kind in uns treten. – Wir brauchen sicherlich nicht eine

Kind-Gesellschaft. Was heute nämlich überhand nimmt, ist der puer-/puella-Komplex: unverbindlich leben wollen, keine Verantwortung übernehmen, immer Spaß haben, als Peter Pan durch die Welt gehen. Das überträgt sich dann auch auf Beziehungen: Wenn gewisse Grenzen überschritten werden, viel Nähe da ist, dann wird es für den puer oder die puella zu viel. Das krasse Gegenteil dazu wäre eine senex-Beziehung (»senex« bedeutet im Lateinischen Greis): eine Beziehung, in der zwei Menschen aus dem Gefühl heraus: »Außerhalb dieser Beziehung gibt es für uns kein Leben mehr!« zusammenbleiben. Sie müssen also unbedingt an den Strukturen, die jetzt da sind, festhalten, denn täten sie es nicht, würden sie sich dem Nichts überantworten. Diese Beziehung ist für sie lebensnotwendig, denn würden sie sie verlieren, wären sie ein Niemand mehr: so, wie der alte König im Märchen, der versucht, den jungen aufstrebenden Prinzen vom Thron fern zu halten. Das alte Leben in uns – alles, was in uns alt ist – wird nicht im Sinn von Reife und Weisheit weiterentwickelt, sondern im Sinn von Unbeweglichkeit, von Stagnation, von Überstrukturierung stark gemacht, um neue Impulse im Keim zu ersticken. Beide, sowohl die puer-Beziehung als auch die senex-Beziehung verhindern Entwicklung.

Die Medien berichten von Schadensfällen, Unglück, Verbrechen, Gewalt und Krieg. Wir erfahren selten, ob jemand an einem der vielen Tage auch einmal glücklich war – und wie er das geschafft hat. Ängste werden regelrecht geschürt. Viele wollen sich im Leben nur noch schützen und versorgen. Ist das nicht ein armseliges Leben?

Das Leben wird wirklich armselig gemacht. Und um diese Armseligkeit zu überspielen, brauchen wir ständig irgendwelche Kicks und Sensationen. Und je schlimmer die Erlebnisse, umso größer ist der Kick. Da ist etwas Morbides, Masochistisches, Sadistisches im Spiel. Es hat die gleiche Dynamik wie das Suchtverhalten, von dem ich gesprochen habe. Immer schlimmere Unglücke müssen her, damit uns überhaupt noch etwas bewegt und wir uns lebendig fühlen. Da äußert sich eine morbide Faszination gewissermaßen im Dienste der Lebendigkeit, einer Lebendigkeit, die nur dadurch gespürt wird, dass so viel Destruktives von außen her auf uns einströmt.

Dabei werden alle Geschehnisse, über die in den Medien berichtet wird, aus ihren natürlichen Zusammenhängen gerissen. Es gibt wenige Hintergrundinformationen; sondern meist wird nur das Einzelne angekickt; das reicht dann auch; mehr wollen viele gar nicht mehr wissen. Das hat dann eine entlastende Funktion: »Das, was da draußen geschieht, ist böse; und die, die es tun, das sind die Bösen! Ich aber bin auf der guten Seite, in Sicherheit!« – Eine extreme Schattenproblematik zeigt sich da in einem globalen Ausmaß.

In einer Zeit der weltumspannenden Vernetzung bekommt die Schattenproblematik heute erschreckende globale Ausmaße.

Es geht nun wirklich darum, wie es gelingen kann, nicht in diese Falle zu tappen. Die einen versuchen, dem zu entgehen, indem sie eine radikale Askese betreiben: Sie lesen keine Zeitungen, hören keine Nachrichten mehr, sehen nicht mehr fern. Andere versuchen, eine Wahl zu treffen. Eine Lösung wird uns letztlich nur dann gelingen, wenn wir in einen starken Kontakt mit unserer eigenen Lebendigkeit kommen, wenn wir wirklich merken, welche förderlichen, schöpferischen, wohltuenden, wärmenden Kräfte in uns lebendig sind.

Oder auch, wenn wir anfangen zu handeln und uns nicht nur abschotten ...

Ja, es ist wichtig, dass wir nicht passiv in den Strudel dieser morbiden negativen Lebendigkeit hineingeraten, aber auch, dass wir uns dem nicht völlig verschließen, sondern dass wir uns soweit ansprechen lassen, dass unsere ganze Reaktionsfähigkeit geweckt wird und wir etwas dagegen tun wollen, jeder in seinem Bereich – ein Journalist als Journalist, ein Soziologe als Soziologe, ein Therapeut als Therapeut usw.

Energie

»Was heute alle drückt, ist der Mangel an strömender Lebensenergie ...« (A)

»Ungeliebte sind beziehungsscheu – ihr Blick verliert die lockende Lebendigkeit ...« (WU)

»Angst will Leiden bannen – und bannt das ganze Leben.« (SP)

Wir kommen mit so viel Lebendigkeit zur Welt ... Wieso ist sie in unserem späteren Leben weg, wohin schwindet sie denn?

Da habe ich eine erfreuliche Botschaft: Sie ist immer noch da! Sie ist nicht einfach weg, sie ist nur oft nicht mehr spürbar. Die Frage wäre also, was hindert uns eigentlich, die Lebendigkeit, die in uns ist und zu uns gehört, zu leben? – Dazu möchte ich noch eine kleine Vorbemerkung anbringen. Das, was wir unter Lebendigkeit verstehen, wird oft schon in der Definition zu sehr eingrenzt. Auch in einer zurückhaltenden, gedämpften Stimmung ist Lebendigkeit da. Diese Phasen des inneren Rückzugs, der Introversion, muss es auch geben, vor allem in einer Zeit, wo alles auf Drive, auf ein stetes Vorwärtskommen ausgerichtet ist. Diese Phasen haben ebenfalls ihre Lebendigkeit. Wir dürfen Lebendigkeit nicht mit Schwung verwechseln. Denn sie drückt sich nicht immer in einem schwunghaften Lebensgefühl aus, sondern auch in unauffälligen und feinen Dingen – auch in einem Garten zur Winterszeit zeigt sie sich, auch in einer Phase der Regeneration. Wir dürfen also nicht alles, was nicht als extrovertierter Schwung daherkommt, als einen Mangel an Lebendigkeit brandmarken. Wir sollten auch für eine winterliche Lebendigkeit Spürbewusstsein entwickeln, für eine Lebendigkeit, die sich sammelt, um sich vielleicht irgendwann wieder neu zu orientieren.

Gerade auch in depressiven Phasen gilt es, sich nicht darauf zu fixieren: »Wo bin ich nicht lebendig, was hindert mich jetzt am Lebendigsein?» Denn das ist eine verhängnisvolle Perspektive: Wir steigern dadurch unsere Unzufriedenheit und Ungeduld mit uns selbst und trennen uns noch mehr von unserer Lebendigkeit ab. Wir können das Leben in vielen kleinen Zeichen entdecken – im Körper oder in einem schmerzlichen Gefühl, in kleinen Emotionen von Hoffnung oder Verzweiflung. Wir brauchen uns nur hinzuwenden. Denn tun wir das, dann hören wir auf zu werten; wir spalten dann unsere Lebendigkeit nicht mit Wertungen auf und merken, dass wir die Frage, was hindert uns am Lebendigsein, falsch gestellt haben.

Wir können dann unsere Frage anders stellen: Wieso nehmen wir in schmerzlichen, schwierigen, dunkleren Phasen unseres Lebens nicht auch Lebendigkeit wahr? Introversion, Rückzug, Verzicht, Opfer, Zurückhaltung können auch authentische Ausdruckformen von Lebendigkeit sein: Sie sind nicht immer ein Ausdruck von Unterdrückung, Verdrängung, Angst, Nicht-zulassen-Können.

Sogleich taucht eine weitere Frage auf: Wie äußert sich gedrosselte Lebendigkeit? Sie äußert sich in Verspannungen psychischer oder körperlicher Natur, in der Unfähigkeit, sich zu entspannen, also vor allem darin, dass wir uns nicht dem natürlichen Rhythmus von Nacht und Tag, von Entspannung und Anspannung, Ruhe und Aktivität hingeben können, sondern selbst in einer ruhigen Phase innerlich nervös und angespannt sind. Oder bezogen auf Partnerschaften: Wir sind in einer stabilen und ruhigen Phase – es kann nicht immer highlife sein – innerlich angespannt und fühlen uns unwohl. Wir können uns nicht in eine partnerschaftliche Ent-Spannungsphase hineinbegeben und nicht geschehen lassen, dass es auch einmal außerhalb von uns und in uns ruhig ist.

Warum aber fällt es uns so schwer, ins Leben »hineinzusterben«, etwas einfach geschehen zu lassen – zum Beispiel auch, dass wir älter werden? Dies hängt mit unseren Vorstellungen zusammen, wie ein Mensch zu sein hat! Es ist erstaunlich, wie sehr Kollektivbilder des Menschseins die Wertvorstellungen eines Einzelnen prägen. Notwendig ist, sich von diesen Wertvorstellungen zu befreien. Dies kann allerdings nicht auf rationalem Weg laufen, sondern nur aus der Erfahrung des Einswerdens mit dem, was gerade geschieht, also auch aus einer Erfahrung der »Minderungen« heraus. Das Wort »Minderungen« stammt von Teilhard de Chardin, mit dem ich mich als junger Mann intensiv beschäftigt habe. In seinem Buch »Das göttliche Milieu« stieß ich auf einen Ausdruck, den ich damals noch gar nicht verstehen konnte, aber irgendwie hat er mich auch nicht losgelassen: »glückselige Minderungen des Lebens«, so meine eigene Übersetzung. Damals dachte ich: »Minderungen des Lebens – warum sollten die denn glückselig sein?« Für mich, der ich jung und im Aufsteigen begriffen war, gab es keinen Platz für »Minderungen«. Merkwürdig ist, dass einen Worte, die man in einem bestimmten Moment noch nicht verstehen kann, faszinieren und nicht loslassen, um dann viele Jahre später wieder präsent zu sein. Und plötzlich versteht man sie auch, weil sie zur eigenen Lebensphase passen.

Das Hier und Jetzt wird ja auch nur mit erfreulichen Gefühlen zusammengebracht – im Glück kann man sich wunderbar auflösen. Aber im Schmerz?

Die Augenblickhaftigkeit ist natürlich auch im Schmerz gegeben. Dort, wo wir schmerzhaft unsere Begrenzung erleben, ist auch Leben. Und das ist für mich keine Theorie! Ich habe aufgrund einer Anlageschwäche, eines Aneurysmas, einer Ausbeutelung der Aorta, die zum Herzen führt, gesundheitlich einiges durchgemacht und befand mich öfters schon in lebensgefährlichen Situationen. Mir ist also vertraut, was ich hier sage.

Es besteht die Gefahr, sich von unangenehmen Erfahrungen abzuspalten und zu sagen, das ist nicht das Leben, das Leben ist anderswo. Aber Leben ist genau dort, wo ich jetzt bin. Und diesen Ruck in die Mitte zu vollbringen, ist wesentlich. Ich merke plötzlich: »Das spüre ich jetzt, es ist lebendig und so bin ich jetzt lebendig. Vorher wollte ich noch anders lebendig sein, aber das Leben hat mich korrigiert.« Diese Haltung hat auch mit Demut im besten Sinne des Wortes zu tun: einer empfänglichen, demütigen Haltung. Nachdem man das Menschenmögliche getan hat und gekämpft hat, dass alles wieder anders wird – das ist auch ganz natürlich –, erfährt man diesen Ruck in die eigene Mitte: »So ist mein Leben jetzt!« Und dann strömt es wieder. Denn diese Erfahrungen der Minderungen des Lebens können ganz tief greifende Erfahrungen sein.

In diesem Zusammenhang fällt mir das griechische Wort »kénosis« ein, wörtlich heißt es »Entleerung« und kommt in der Bibel in Bezug auf Christus vor, der sich entäußert hat: ein Christus, der sich in die Welt hinein entleert hat – damit ist gemeint: Er hat sich für die Welt seiner selbst entleert und ist völlig Mensch geworden. Er nimmt sein menschliches Schicksal, Schmerzen, Leid, Tod auf sich. In den Fluss des eigenen Lebens, der auch durch Minderungen führt, einzustimmen, ist auch ein Erfahrung von Leere: Diese Erfahrung stellt sich nicht nur in der Meditation ein, sondern überall, wo wir gerade sind und leben.

Der Schmerz frisst und zehrt an uns, wir wollen ihn weghaben und fangen an, zu grübeln und zu analysieren – Inwiefern hilft uns das weiter?

Wenn wir in der Lage sind, Augenblicke, glückliche oder schmerzhafte, lebendig zu erleben, dann brauchen wir keine Therapie. Uns tut natürlich auch gut, solche Augenblicke in Verbindung zu erleben – mit einem Freund, denn »geteiltes Leid ist halbes Leid«. Das ermöglicht sehr viel leichter das Ja. Wenn wir dies nicht tun und überall Dämme gegen das Leben, wenn es sich in unangenehmen Bereichen äußert, aufbauen, dann wird dieses Leben, das wir von uns abspalten, chaotisch: Es ist so, als würde ein innerer Terrorist in uns wirksam werden, das unterdrückte Leben wird zum Terroristen.

Genauso im Großen: Indem Bush ständig vom internationalen Terrorismus redet, schürt er den Terrorismus – das ist eine psychologische Tatsache. Ich wundere mich, dass Menschen, die an so entscheidenden Schalthebeln der Weltpolitik sitzen, für solche Zusammenhänge völlig blind sind – das ist erschreckend.

Wenn ich mich also gegen das Lebendige, das sich auch in Schmerzen offenbart, sträube, dann kommt der innere Terrorist und drangsaliert mich mit Symptomen, mit Schwierigkeiten und psychischen Problemen usw. Es geht im Großen wie im Kleinen darum, auch solche Seiten in sich klingen zu lassen, die einen bedrängen und auf die man zunächst eher mit Abwehr und Ängsten reagiert. Wenn man sich dauernd absichert und mit Thanatophobie, d. h. der gewohnheitsmäßigen Todesangst, reagiert, wenn man alles wie Sisyphus in seiner verdrängten Todesangst kontrollieren möchte, dann meldet sich der innere Chaot. Solange wir versuchen, in allen Bereichen Ordnungshüter zu spielen, meldet sich der innere Anarchist. Und zum Glück gibt es diesen ständigen Ausgleich! Leben lässt sich nicht unterdrücken. Und wenn wir nicht eins werden mit ihm, spaltet sich ein Teil unserer Lebendigkeit ab und richtet sich gegen uns. Das wirkt dann destruktiv und verursacht Wunden.

Inwiefern ist es gut, Wunden, schmerzhafte Erfahrung zu vergessen?

Manchmal ist es gut zu vergessen, und zwar dann, wenn das Sich-Erinnern an eine schmerzhafte Erfahrung unsere Gesamtpersönlichkeit bedrohen würde. Wir haben darüber schon im Zusammenhang mit den Traumata gesprochen. Es ist wesentlich, sich in Grenzen zu erinnern. Hier kann es also nicht darum gehen, Grenzen zu sprengen, sondern im Gegenteil darum, dass jemand, der eine tiefe Verwundung erlebt hat, nicht gepuscht oder genötigt wird, sich unbedingt an alles zu erinnern. Wir müssen wirklich unterscheiden zwischen einer Verdrängung, die Ausdruck unserer seelischen Gesundheit ist, und einer Verdrängung, die aus früheren Ängsten kommt, die aus der Kindheit stammen. Diese Ängste wären nicht mehr nötig, weil wir jetzt kräftig genug sind, um uns ihnen zu stellen. Ich meine Wunden, die weit verbreitet sind: das zu frühe Erwachsen-Geworden-Sein, das Nicht-Geliebt-Worden-Sein, das Nicht-Gesehen-Worden-Sein, das Verlassen-Worden-Sein usw.

Es kann sehr befreien, wenn wir nun als Erwachsene die Dinge beim Namen nennen können, wenn wir endlich wirklich spüren und aussprechen, was irgendwann geschehen ist. Dann merken wir auch, dass wir kräftiger sind als alles, was da geschehen ist. Es schmerzt zwar noch – solche Wunden können nie ganz geschlossen werden –; aber wir spüren gleichzeitig, wie lebendig wir sind. Wichtig ist, sich nicht nur mit dem Kopf, sondern spürend daran zu erinnern. Es gibt Menschen, die sich durchaus mit dem Kopf an verschiedene Ereignisse erinnern, die sie aber nicht mehr mit den entsprechenden Gefühlen in Verbindung setzen können. Sie haben zwar eine Verstandes-, aber keine Gefühlserinnerung. Wesentlich ist, auch die Gefühlserinnerung zuzulassen. Die Wunde wird nie ganz verschwinden, aber wir sind durch sie nicht mehr so konditioniert in unserer Lebensführung und fühlen uns freier.

Inwiefern sollten wir nun diese schmerzhaften Erinnerungen analysieren?

Es darf nie um eine Durchlöcherung des Ich gehen: dass es überschwemmt wird von einer alten Erinnerung – das nennt man Retraumatisierung. Auch darf es nicht darum gehen, Erinnerungen zu verdrängen, denn das würde in einen Wiederholungszwang hineinführen. Es geht aber darum, sich spürend mit erwachsener Bewusstheit in Grenzen zu erinnern – frühe kindliche Wunden oder Wunden aus dem Erwachsenenleben wieder lebendig zu machen. In dem spürend da zu sein, was auftaucht, ist heilsamer, als es zu analysieren. Denn wir werden ja in solchen Momenten aus einer alten bequemen

Verfremdung herausgerissen, wir werden aufgeweckt und sind plötzlich wach! Eine Analyse von solchen schmerzlichen Augenblicken könnte uns abhalten, spürend da zu sein, sie könnte Abwehr sein, also ein Weggehen aus etwas, wo es wichtig wäre, ganz drin zu sein. Deshalb: Analyse ja, aber nicht immer und nicht als einziges und wichtigstes Heilmittel.

Sie schlagen in der »Wunde der Ungeliebten« eine »Energetik des polaren Bewusstseins« vor. – Inwiefern könnte sie uns bei der Bewältigung von Krisen behilflich sein? Selbst in der Wirtschaft betreibt man ein Krisen-Management und ist auf der Suche nach Lösungen in einer Krisensituation.

Das polare Bewusstsein ist vor allem in Übergangssituationen, in Krisensituationen aktiv. »Krisis« heißt im Altgriechischen Entscheidung, einen Übergang wagen. Da gilt es, Leben auch dort wahrzunehmen, wo etwas Neues, vielleicht Unbekanntes, Fremdes, Bedrohliches auftritt. Dies kann auch in einer wirtschaftlichen Situation relevant sein. Wenn plötzlich etwas Neues auftaucht, sind wir alle, Unternehmer nicht ausgeschlossen, versucht, eine Vogel-Strauß-Politik zu praktizieren, den Kopf in den Sand zu stecken und so zu tun, als wäre noch alles beim Alten, obwohl eine neue Situation eingetreten ist. Was uns voranbringt, ist aber genau das Gegenteil, dass wir nämlich spürend in diese neue bedrohliche Situation hineingehen und eine Polarität zwischen uns und der neuen Situation schaffen, zwischen dem Alten und dem Neuen. Denn dadurch wird unsere schöpferische Energie in Bezug auf Lösungsmöglichkeiten wach. Natürlich hängen solche Entscheidungen und Lösungen auch mit Know-how zusammen, mit wirtschaftlichem Wissen und Können, aber eben nicht nur: Sie hängen auch mit unserer Bereitschaft zusammen, kreativ zu sein. Und Kreativität wird in neuen und anfangs bedrohlichen

Situationen genau durch diese Energetik des polaren Bewusstseins freigesetzt.

Was fasziniert Sie persönlich so sehr an Fluss, Rhythmus, Bewegung, Fließgleichgewicht, unmittelbar erfahrener Lebendigkeit? All diese Begriffe kommen sehr häufig in Ihren Büchern vor.

Da erzähle ich am besten eine kleine Geschichte. Am 8. Januar 1985 kam ich nach einem körperlichen Zusammenbruch mit einem Aortariss ins Krankenhaus. Zuvor hatte ich mich tagtäglich beim Rasieren im Spiegel angeschaut und im Spiegel nichts von dem entdeckt, was mir bevorstand. Nach einer schweren Operation, als ich mich zum ersten Mal wieder im Spiegel betrachtete, da dachte ich plötzlich: »Du hast dich an dem Tag, an dem du zusammengebrochen bist, auch im Spiegel angeschaut und du hast nichts gesehen. Im Spiegel siehst du nichts von dem!« – Es war für mich ein richtiges Erlebnis: Nein, aus dieser Distanz, der Spiegeldistanz, kann ich so etwas nicht sehen. Es braucht eine andere Art von Bewusstheit, um so etwas wahrzunehmen! – Und damals hatte diese Erkenntnis für mich eine ganz besondere Bedeutung: Ich war als ausgebildeter Analytiker der Schule C. G. Jungs sehr stark auf Bilder fixiert – archetypische Bilder, Bilder der Seele, Traumbilder, Vorstellungen usw. Dafür empfand ich eine große Faszination. Das war das Hauptmotiv, weshalb ich mich der jungschen und nicht der freudschen Schule zugewandt habe. Meine Erkenntnis im Krankenhaus ließ genau diesen Ansatz brüchig werden: Ich stellte fest, in Bildern sehe ich die Krise nicht auf mich zukommen. Gleichzeitig aber erinnerte ich mich, dass ich vor der Krise *körperlich* etwas gespürt habe. Doch dem schenkte ich keine Aufmerksamkeit und versuchte, alles zu psychologisieren. Ich weiß noch, meine damalige Frau Heike und ich waren mit einem befreundeten Ehepaar wenige Tage davor in den

Bergen, im Emmental; es ging mir schon sehr schlecht: Ich hatte richtige Schwächeanfälle, konnte nicht schlafen; es war eine unglaubliche innere Nervosität da; ich hatte Schmerzen in der Brust und im Rücken. Und ich habe das alles versucht, analytisch zu begreifen: »Das ist nur deswegen, weil du momentan diese und jene Schwierigkeit hast.« Ich habe dem unmittelbaren leiblichen Spüren keinen genuinen Wert zugemessen.

Das war dann der auslösende Moment, einen anderen Weg zu gehen. Das hat dahingeführt, zuerst ganz persönlich, in meinem eigenen Leben auf kleine Dinge, die ich in mir spürte, zu achten, meditativ mich darin zu versenken und wahrzunehmen, was passiert, wenn ich längere Zeit drin bleibe, in einer kleinen Gebärde oder Empfindung. Und ich machte auch die seltsame Erfahrung, wie sich der Körper wandelt und verändert, wenn ich auf diese Weise im körperlichen Empfinden drin bleibe. Es waren für mich faszinierende kleine Erfahrungen, die zur Folge hatten, dass ich sie in meine Arbeit mit einbezog. Zunächst habe ich während der Gesprächstherapien, die in der mir vertrauten analytischen Weise verliefen, auf solche Dinge geachtet und habe das dann nach und nach zu dem ausgebaut, was ich in vielen Büchern beschrieben habe.

Ich glaube, dass jeder, der etwas Neues entwickelt, es aus eigenen Lebenserfahrungen heraus tut. Es ist immer zuerst ein eigener Weg und dann erst ein Weg mit anderen Menschen zusammen.

Sexualität

»Der Körper erwacht, und mit ihm auch die Sensibilität für die verwundete Umwelt. Nichts benötigen wir heute dringender als einen Körper, der Weltfühler ist.« (WU)

Wir betreiben heute einen Körperkult wie im alten Rom – Wellness-Welle, Fitness-Studios, kulinarische Interessen usw. –, der Körper ist auch in der Werbung präsent. Doch kränken wir ihn nicht, wenn wir ihn so mechanisch einsetzen?

Ich möchte keineswegs werten und sagen, Fitness sei schlecht. Nur hat Fitness nichts mit dem zu tun, was ich unter Spürbewusstsein verstehe: mit dem Leib als schöpferische Erfahrung von Lebendigkeit und Wachstum. Es ist sogar sehr oft so, dass Menschen, die auf diese Weise, im extremen Fitness-Training, mit ihrem Körper gearbeitet haben, besondere Schwierigkeiten haben, spontan und von innen her ihren Körper zu spüren. Tänzer werden auf die Ausführung ganz bestimmter Bewegungen getrimmt oder Sportler müssen ganz bestimmte Höchstleitungen erbringen – all das läuft sehr zielorientiert. Im Fitness-Studio sitzt jeder an seinem Gerät und verbindet damit ein ganz bestimmtes Ziel – das entspricht also in der Tat der Mentalität unserer Leistungsgesellschaft. In vielen Fällen gewiss auch eine gesunde Angelegenheit, aber es bleibt weitgehend ein äußerliches Geschehen und führt leicht zu einem Adonis- bzw. Venus-Komplex, also zu einer übertriebenen Sorge um das eigene Aussehen. Alles dreht sich nur noch darum, fit zu sein – dazu gehört dann selbstverständlich auch die überbewusste Ernährung.

Wenn ich manchmal sehe, wie ungesund viele Italiener hier in unserer Gegend leben – sie fangen abends erst sehr spät an zu essen und essen dann viele Teigwaren und ölige Gerichte und trinken ihren Wein bis in die Nacht hinein! Aber sie tun das mit einer solchen Behaglichkeit, mit einem solchen Bejahen von Geselligkeit und Freundschaft. Das ist sicher gesünder als das, was Reformhausmenschen tun, die alles und jedes genau abwägen, was, wie viel und wann sie essen dürfen ..., nach halb sieben abends schon gar nichts mehr ... Diese Zwanghaftigkeit strengt sicherlich an und ist ungesund; sie ist seelisch ungesund und in letzter Konsequenz dann auch körperlich – wir können die beiden Seiten nicht voneinander trennen.

Fitness hat mit Spürbewusstsein wenig zu tun. Ein sorgfältiges Achten auf Dinge, die sich aus unserem Leib heraus entfalten, eine Gebärde, eine kleine körperliche Regung, ein Schmerz, der sich dann wandelt in lustvolles Strömen – so etwas kann nicht im Fitness-Studio trainiert werden, dafür gibt es keine nachweisbaren Muskelgruppen. Das spontane leibliche Erleben ist etwas völlig anderes als Fitness. Am Gesichtsausdruck vieler, die im Fitness-Studio trainieren, lässt sich eine gewisse Leere ablesen – sie sehen alle gleich aus, weil sie alle gleichermaßen ihre Lebendigkeit unterdrücken.

Das Tragische am Fitness-Bewusstsein ist, dass es versucht, die Vergänglichkeit zu übertünchen und zu verdrängen. Das Alter soll möglichst spät kommen, und wenn, dann möchte man am besten möglichst wenig davon abbekommen. Das Spürbewusstsein hingegen zeichnet sich gerade dadurch aus, dass es die Vergänglichkeit bejaht und sich im Fluss des Lebens befindet, in dem, was nie gleich bleibt – wie Heraklit sagte: »Wir können nicht zweimal in den gleichen Fluss steigen«. Es ist genau dieser Fluss, der uns mit einem sehr tiefen Glück erfüllt: Glück als Ausdruck des Innewerdens von dem, was wirklich ist. Während wir im Fitness-Bewusstsein häufig nur Befriedigung oder allerhöchstens ein gutes körperliches Gefühl erfahren: »Jetzt habe ich etwas für meinen Körper gemacht!«

Wenn ich kritisch über Fitness spreche, so meine ich damit immer die ausschließliche Fitness: die das Spürbewusstsein ausschließende Fitness, was leider wirklich oft der Fall ist im Jugendwahn, an dem so viele Menschen leiden.

Ähnlich gehen wir mit der Sexualität um – sie ist ein offenes Buch, und trotzdem beklagt sich laut Statistik jeder zweite Deutsche über sein unbefriedigendes Sexualleben. Was gehört zur sexuellen Reife und zum sexuellen Wohlbefinden?

Wir gehen oft von gewissen Vorstellungen aus, wie Sexualität gelebt werden müsste, und merken vielleicht gar nicht, wie stark da ein Kollektivdruck Ursache unserer Vorstellungen ist. So und so oft ist es gut, Sexualität zu erleben! ... Ich muss meine Frau zum Orgasmus bringen! Alles ist auch hier zweckorientiert.

Es kommen Menschen zu mir in die Praxis und fragen sich: »Was ist eigentlich mit mir los? Ich habe mit meiner Frau, mit der ich schon zwanzig Jahre verheiratet bin, nur noch zwei-, dreimal im Monat Sex.« »Und wie ist es dann?«, frage ich zurück. Meist kommt dann die Antwort: »Manchmal wirklich wunderschön!« Dann ist ja alles in Ordnung, würde ich meinen. Aber es gibt eben diesen Kollektivdruck – es muss jeden Tag oder zweimal die Woche sein, wehe am Samstag nicht! Wenn jeder zweite Deutsche über sein unbefriedigendes Sexualleben klagt, so ist das sicher zum Teil auch Ausdruck eines Kollektivdrucks. Und damit sich etwas ändert, ginge es vorerst einfach darum anzuerkennen, was ist: So ist das jetzt, und ich bin damit einverstanden und zufrieden! Dann könnte sich nämlich vieles in der Sexualität ändern. Das Einverständnis in Bezug auf die eigene Sexualität muss da sein. Dann wird mehr auf das geachtet, was beiden Freude und Spaß macht, und die Fixierung auf eine zufrieden stellende Sexualität nach irgendwelchen äußeren Vorstellungen fällt weg. Meist intensiviert sich dann die Sexualität, auch was die Häufigkeit betrifft.

Im Grunde gilt alles, was ich bisher übers Spürbewusstsein gesagt habe, auch in der Sexualität: spontan Dinge geschehen zu lassen, zusammen mit dem Partner merken, was geschieht in uns beiden in diesem Moment; nicht die Vorstellung haben, es müsste doch etwas anderes geschehen, ich müsste doch schneller oder weniger schnell zum Orgasmus kommen oder ich müsste jetzt schneller eine Erektion haben. Wichtig ist, einfach das, was ist, sein zu lassen und damit in einen spürenden Kontakt zu treten. Dann kann sich wieder etwas Kindliches, Spontanes, Lebendiges, Unvorhersehbares, Lustvolles entfalten. Woody Allen meinte einmal: »Onanie ist Sex mit dem Menschen, den ich am meisten liebe.« Ohne jetzt diese Möglichkeit von Sexualität einseitig glorifizieren zu wollen, aber in diesem Satz steckt etwas Wahres: Oft fällt es Menschen leichter, beim Onanieren Lust zu empfinden und sich zu entspannen. Denn wenn sie mit einem anderen Menschen zusammen sind, meinen sie, eine ganz bestimmte Leistung erbringen zu müssen.

Unser Kopf steht uns meist im Weg. – Wie aber finden wir zu einem Körper- bzw. Ganzheitsbewusstsein?

Wenn ich vom Leib spreche, dann meine ich die menschliche Ganzheit – Körper, Seele, Geist. Und das Spürbewusstsein bezieht sich auf dieses Ganze. In meinem Buch »Nimm deine Couch und geh« habe ich betont, dass der Kopf auch ein Körperteil ist. Nehmen wir mal an, jemand sagt: »Jetzt bin ich ganz im Kopf!« Dann sage ich: »Dann richte doch mal deine Aufmerksamkeit in den Kopf, denke nicht darüber nach und sprich nicht darüber, sondern versuch, deine Spüraufmerksamkeit in den Kopf zu lenken! Beschreibe, wo du dich im Kopf körperlich am stärksten erlebst und wie du dich erlebst!« Dann sagt mir derjenige vielleicht: »Ich spüre einen Druck, eine Verspannung in den Augenfalten, meine Kiefermuskulatur ist verspannt, meine Lippen pressen sich zusammen.« Dann frage ich oft: »Was ist nun, nachdem du längere Zeit dein körperliches Empfinden geschildert hast? Welches Gefühl kommt jetzt in dir hoch?« Da kommt dann vielleicht Angst hoch oder ein anderes Gefühl, und er fängt an zu erzählen und auch zu denken. Aber das ist ein völlig anderes Denken als vorher: Der Kopf als Körperteil ist jetzt angeschlossen an das Denken. Ich sage nie, wenn jemand meint, im Kopf zu sein: »Geh weg vom Kopf! Bemüh dich, einmal wirklich in den Bauch zu gehen!« Nein, ich fordere ihn dann wirklich auf, in den Kopf zu gehen, aber in einer spürenden Weise. Und das führt meist zu passenden Gedanken, die nicht mehr grübeln und hinterfragen, sondern wirklich weiterführen. Auf diese Weise fördern wir das Ganzheitsbewusstsein.

Für Nietzsche ist der Leib »ein unbekannter Weiser«. Wir aber hören nicht auf ihn. Wir übergehen seine Signale. – Sollte eine Schule des Eros nicht gleich beim eigenen Körper ansetzen?

In diesem Zusammenhang möchte ich vor allem daran erinnern, dass der Leib ein unbekannter Weiser in Verbindung mit der Welt ist – und nicht nur in Verbindung mit sich selbst. Denn auch bei Nietzsche ist nicht Nabelschau gemeint, ein Sich-Abkapseln, sondern es geht immer um ein Spüren von sich selbst in Verbundenheit mit dem Ganzen, mit der Umgebung und den Menschen. Insofern ist der Leib ein unbekannter Weiser – nicht als etwas Abgetrenntes, sondern als Teil der Welt. Deshalb spreche ich auch vom Leib als Weltfühler. Und bei ihm fängt alles an, weil alles durch ihn lebendig wird.

Wie bedingen sich Körper bzw. Leib und Energie gegenseitig?

Wenn ich vom Körper oder von Energie spreche, so sind das zwei Perspektiven, die beide einer realen Erfahrung entsprechen, nämlich der Erfahrung von Struktur und Fluss: Energie-Erfahrung ist etwas Strömendes, etwas Fließendes, sie ist eine Erfahrung von Lebendigkeit. Wir machen sie in unserem Leib. Dieser ist mehr als bloß ein Körper, er ist ein Haus. Wir sehen, dass Menschen, die körperlich vielleicht ganz schwach sind, eine ungeheuer starke Energie aufbringen, die über ihre körperlichen Kräfte weit hinausgehen kann. – Im Buddhismus, vor allem im Theravada, dem ursprünglichen Buddhismus, ist die Rede davon, dass der Mensch keine feste Substanz hat – es ist alles im Fluss, es sind nur viele Daseinsfaktoren, die sich immer wieder neu ordnen, aber Substanz ist eine Illusion –, dass also auch der Körper als Substanz eine Illusion ist. Das Feste kommt nicht vom Körper her, sondern von der festen, unbeirrbaren Aufmerksamkeit und Achtsamkeit. Es geht hier also um eine menschliche Grundhaltung der Wahrnehmung. Ähnliches habe ich im Zusammenhang mit Ich-Stärke gesagt.

Die am meisten verbreitete Beziehungsform sei die Beziehung zwischen Mann und Frau, hieß es in »Das Nein in der Liebe«. In den 20 Jahren nach diesem Buch haben wir jedoch auch andere Gemeinschaftsformen entdeckt und Homosexualität ist kein Tabu-Thema. Was bedeutet diese Erweiterung für die Gesellschaft, für die erotische Kultur, die Kultur überhaupt?

Schon vor zwanzig Jahren habe ich immerhin dieser Beziehungsform ein ganzes Kapitel gewidmet, was damals in den meisten Büchern über Liebe und Partnerschaft nicht der Fall war.

Nach wie vor stimmt, dass die Beziehung zwischen Mann und Frau die am meisten verbreitete Form erotischer Partnerschaft ist – statistisch gesehen. Das aber darf uns nicht übersehen lassen, dass es auch die gleichgeschlechtliche Partnerschaft gibt, dass fast die Hälfte der männlichen Bevölkerung auch homosexuelle Erfahrungen in der Pubertät gemacht hat, dass sie also in einem Alter, wo der Mensch noch nicht total unter gesellschaftlichem Druck steht, wo sie noch Zugang haben zu ihrer ursprünglichen, bisexuellen Anlage, sehr viel leichter auch andere Spielarten der Erotik und der Sexualität bei sich zulassen können. Man sieht, wie Jungen miteinander kämpfen, zärtlich sind, sich anfassen, vor allem in südlichen Ländern ist das auffällig. Wenn sie dann älter sind, ist das alles vorbei.

Die homosexuelle Beziehung ist aus verschiedenen Gründen eine sehr wichtige Beziehung. Ich meine das nicht nur in Bezug auf Einzelne, die in einer homosexuellen Beziehung leben, wie ich das seit elf Jahren tue. Sondern sie ist auch wichtig als Alternative zur bestehenden Konkurrenzgesellschaft. Die

Homophobie, die gewohnheitsmäßige Angst vor der Homosexualität, ist zum Teil ein Produkt unserer Konkurrenzgesellschaft. Sie äußert sich vor allem als Angst vor Verweiblichung, vor dem Genommen-Werden, die passive Rolle spielen zu müssen, körperlich, seelisch und geistig penetriert zu werden, also als etwas, das in der Konkurrenzgesellschaft, wo es ja darum geht, dass der eine den andern aussticht, dass er der Stärkere ist und den wirtschaftlichen Wettlauf gewinnt, als etwas äußerst Bedrohliches empfunden wird. Diesem gleichgeschlechtlichen Verhalten wird also etwas Verächtliches angehängt. Das ist eigentlich die gleiche Verachtung, die Männer – so große Frauenliebhaber sie auch sein mögen – auch zum Teil gegenüber Frauen hegen.

Ich erinnere in diesem Zusammenhang an Freuds Satz: »Der Mann hat Angst, vom Weibe geschwächt zu werden.« Da äußert sich die Angst vor Schwachheit, sich zu öffnen und empfänglich zu sein, die Angst, nicht mehr ständig in der aktiven Leistungsrolle zu verharren, d. h. in der Rolle dessen, der bedrängt, der zustößt, der bestimmt, der beeinflusst, der Macht ausübt, der unterwirft; die Angst, eben auch mal die andere Rolle einzunehmen, die genauso zu einem gesunden Mannsein gehört: auf den anderen Menschen einzugehen, mal still zu sein, Dinge geschehen zu lassen, es wohltuend zu empfinden, dass der andere mal der Stärkere ist. Diese »weibliche« Rolle im Mann zu kultivieren, wäre für die Leistungsgesellschaft von großer Wichtigkeit. Insofern hat Homosexualität eine Signalbedeutung, in welche Richtung gesellschaftliche Entwicklung eigentlich gehen müsste, ungeachtet der Tatsache, dass die meisten Männer vor allem heterosexuell empfinden.

Nur wird Homosexualität, wenn wir z. B. nur an Genets Theaterstücke denken, öffentlich sehr brutal dargestellt ...

Ja, das stimmt, und ich frage mich, womit das zu tun hat. Wenn von Homosexualität in den Medien die Rede ist oder auch in der Literatur, so geschieht das meist in sado-masochistischen Geschichten, Geschichten, die mit Ausübung von Macht zu tun haben, in denen viel Schmerz zugefügt wird. Das sind tragische Geschichten. Natürlich kommt das in der Darstellung von heterosexuellen Beziehungen auch vor, aber nicht so häufig.

Ich glaube, und das ist eine ganz persönliche Vermutung, dass zwei Faktoren mitspielen: Der eine ist zweifellos ein gesellschaftlicher –, dass die Homophobie, in der sich der gesellschaftliche Druck gegen Homosexualität manifestiert, homosexuelle Beziehungen in ein gesellschaftliches Getto zwingt und infolgedessen Homosexualität oft nur auf perverse, minderwertige Weise gelebt werden kann. Allein die Tatsache, dass in den letzten zwanzig Jahren eine immer größere Zahl von gleichgeschlechtlich empfindenden Männern den Weg in eine geglückte Partnerschaft hineinfinden, ist der Beweis dafür, dass dieses ausgrenzende Verhalten doch sehr viel mit gesellschaftlicher Unterdrückung zu tun hat. Denn heute, wo die Unterdrückung bei uns langsam wegfällt – Homophobie ist zwar noch da, aber die gesellschaftliche Ächtung ist zum Großteil aufgehoben –, und es die Möglichkeit gibt, öffentlich eine gleichgeschlechtliche Beziehung zu leben, findet man viel öfter gesunde, seelisch fruchtbare, erfreuliche gleichgeschlechtliche Beziehungen. Das zeigt schon, dass ein guter Teil von dem, dem wir bei Genet begegnen, mit gesellschaftlicher Unterdrückung zusammenhängt.

Und dann meine ich, gibt es noch einen zweiten Faktor: Ich vermute – und ich kenne eine große Anzahl von gleichgeschlechtlichen Beziehungen –, dass die Tatsache, dass Männer mit einer größeren Aggressionsbereitschaft als Frauen ausgestattet sind, auch eine Rolle spielt, dass also von daher der Zugang zu Praktiken, die eindeutig in Richtung von destruktiver Aggressivität gehen, für manche schwule Männer leichter ist. Wenn zwei Männer sich jedoch dessen bewusst werden und ihre Aggression bewusst spüren, so ist es möglich, die eigene Aggression in einer bezogenen und förderlichen Weise zu leben. Sie muss sich nicht in so destruktiven Formen ausdrücken. Es besteht also keine Naturnotwendigkeit, dass Männer in einer mann-männlichen Beziehung sich schließlich kaputtmachen, dass sie sich in einer morbiden Sexualität gegenseitig aufgeilen und Sexualpraktiken pflegen, die auch körperlich sehr riskant werden können. Ich meine, spürbewusste Männer brauchen diese nicht mehr.

Aber perverse Auswüchse gibt es auch zwischen Mann und Frau. Nur werden die neurotischen Auswüchse bei gleichgeschlechtlichen Paaren anders bewertet: Die zwischen Mann und Frau sind irgendwie gesellschaftsfähiger, obschon sie sowohl psychisch wie auch körperlich genauso schädigend sind.

Nun könnten einige schwule Männer meinen: »Wieso bewertest du solche sado-masochistischen Praktiken als etwas Negatives? Es herrscht doch das Gesetz der Beliebigkeit: anything goes! Warum denn nicht auch solche Praktiken?« Wir treffen wieder auf das neue Beliebigkeits-»Gesetz« der Erlebnisgesellschaft, das etwas äußerst Menschenfeindliches an sich hat. Wenn Menschen sich völlig aus dem Gespür verloren haben und deshalb auf verschiedensten Wegen ein schnelles, ein vielleicht auch schmerzliches Spüren suchen, wirkt sich das auf ihre gesamte menschliche Entwicklung äußerst problematisch aus. Solche Männer kommen dann manchmal mit schweren Depressionen in Therapie.

Es heißt, dass homosexuelle Paare sich sehr oft trennen, dass es keine Konstanz wie bei Heterosexuellen gäbe ...

Es ist doch auffällig, dass in den letzten zwanzig Jahren sehr viel mehr Konstanz in einer wachsenden Zahl von Beziehungen da ist. Aber in dem Mangel an Konstanz kann man auch durchaus etwas Gutes sehen: dass gleichgeschlechtliche Paare sehr viel weniger bereit sind, auch dann noch zusammenzubleiben, wenn sie sich schon total auseinander gelebt haben.

Haben wir eigentlich nicht alle homosexuelle Fantasien?

Es sind Träume da, Schwärmereien, Spielereien; aber sie werden später verdrängt. Bloß noch gefühlsmäßig ist bei vielen präsent, dass es da auch einmal etwas anderes gegeben hat. Und dass es lebendig und anregend war!

Übrigens, Homosexualität wertet die sinnliche Begegnung generell auf: Wenn wir daran denken, dass für die katholische Kirche der erste Zweck von Sexualität die Zeugung von Nachwuchs ist, und auch heute noch mechanische oder chemische Empfängnisverhütung verboten ist, dann bedeutet natürlich Homosexualität einen großen Skandal, weil hier die sinnliche Begegnung im Zentrum steht – sie ist zweckfrei, denn sie ist in sich selber Zweck genug. Die Annerkennung der Homosexualität bringt also ganz allgemein auch eine Aufwertung der Sinnlichkeit mit sich.

Inwiefern entdecken wir durch die Homosexualität – gelebt oder ungelebt – unsere Ganzheit?

Die Existenz von Homosexualität weist darauf hin, dass in uns beides ganz da ist: Mann und Frau, dass wir also in uns eine ganzheitliche Anlage haben. In unserer Leistungsgesellschaft wäre das Weibliche in uns aufzuwerten, damit sich tatsächlich etwas bewegen und verändern kann. Indirekt verhilft Homosexualität zu einer Aufwertung des Weiblichen. Denn was an der Homosexualität verachtet wird, gerade auch in den Machokulturen der südlichen oder arabischen Länder, das ist nicht so sehr der aktive männliche Macho-Homosexuelle, es ist eher der, der die weibliche Rolle übernimmt, wobei sich in den meisten gleichgeschlechtlichen Beziehungen die Rollen abwechseln. Aber in der Vorstellung von homosexueller Beziehung ist es die weibliche Rolle, die verachtet wird. Deshalb wird auch der homosexuelle Akt als ein Akt der Demütigung und Unterwerfung angesehen. Das belegen viele Schimpfwörter.

Es ist wichtig, dass in unserer Gesellschaft durch einen zunehmend bewussten Umgang mit Homosexualität die allgemeine Neigung, andere fertig zu machen, zu unterdrücken, zu demütigen, ins Bewusstsein rückt, damit sie endlich verschwinden kann.

Wie würden Sie reagieren, wenn jemand aggressiv auf Sie und Ihren Partner zuginge?

Viele rechtsradikale Jugendliche, deren Väter abwesend oder sehr schwach waren, sehen im Homosexuellen das gefährliche Spiegelbild eines schwächlichen Mannes, das sie mit Aggression abwehren. Wenn solche Jugendliche Homosexuellen gegenüber Aggression zeigen oder verächtliche Worte sagen, dann muss man sich wirklich davor hüten, mit ihnen in eine Auseinandersetzung zu geraten. Ich würde versuchen – nur habe ich mich noch nie in einer solchen Situation befunden –, die Situation zu entschärfen, die Aufmerksamkeit auf etwas anderes hinzulenken ... Wir haben es oft mit sehr schwachen Persönlichkeiten zu tun. Und wenn man sich selber nicht verliert, sondern mit seiner ganzen Energie da ist, dann kann es durch die größere seelische Kraft durchaus gelingen, die Aufmerksamkeit des anderen in eine andere Richtung zu lenken. Denn auf die Auseinandersetzung warten sie ja geradezu, um endlich einmal ihre grobe körperliche Kraft gegenüber diesem schwachen Vater auszuleben. Und auf ein solches Mitagieren darf sich kein Homosexueller einlassen. – Er muss also selber ein seelisch kräftiger und stabiler Mann sein.

Spiritualität

»Nicht Moral, nicht trennende Wertung darf das Hauptanliegen von Religion sein, sondern: Zugänge zur Liebe zu erschließen.« (WDB)

Auch im Christentum sowie in allen Religionen geht es um die Liebe – »Liebe deinen Nächsten wie dich selbst«. Inwiefern vermag Religion unsere tiefste Wunde – die Unfähigkeit zu lieben – zu heilen?

Religion heißt wörtlich »Rückverbindung«: Religion ist wirklich nur heilsam, wenn sie uns wieder verbindet – deshalb finde ich diesen Ausdruck »Rückverbindung« so schön; denn das heißt, dass diese Verbindung schon in unserem Wesen angelegt ist, sie ist schon da, und es geht eigentlich nur darum, sie zu entdecken und wieder herzustellen, und zwar nicht nur mit etwas, was in mir, sondern auch in uns allen an Tiefe, an Göttlichem, an Wesentlichem da ist. Es geht also in der Religion um ein Wiederverbinden mit den Wirkkräften des Menschen und der Welt – und mit dieser neuen Verbindung ist auch der Zusammenhang hergestellt mit dem, was wir Nächstenliebe nennen.

Nächstenliebe ist kein Opfer, kein Sich-Überwinden, kein Sich-Abgeben mit jemandem, der uns eigentlich kaum interessiert, wo es sich aber gehört, weil er der Nächste ist, ihn zu lieben. Nein, Nächstenliebe ist keine Pflicht, sondern sie ereignet sich ganz einfach, indem wir uns mit dem wieder-verbinden, was in uns ist und was uns immer schon im Tiefsten mit unserem Nächsten verbunden hat. Wir merken, dass der andere auch ich bin: Ta twam asi! (Das bist du auch!) Diese geheimnisvolle Verbindung von atman und brahman, von Einzelseele und Weltseele, ist der Ursprung der Nächstenliebe: Wir lieben etwas, was wir auch sind: Das ist keine egozentrische Art von Nächstenliebe, denn sie setzt voraus, dass wir die Grenzen sprengen, die uns in einem isolierten Ich gefangen halten, und dass wir uns somit auf das Ganze hin öffnen. Das ist die Basis von Nächstenliebe, alles andere wäre künstlich. Ich habe ja bereits etwas über die Feindesliebe gesagt: Sie kann nur existieren, wenn sie zur Freundesliebe wird. Der Feind muss zu einem Freund werden, er muss sich in jemanden verwandeln, der mit mir zutiefst verbunden ist. Es besteht also eine geheimnisvolle tiefe Verbindung im Ganzen. Und hier berühren wir wieder die Mystik, die ja eine Voraussetzung für eine wirklich authentische Nächstenliebe ist. Nächstenliebe hat die Qualität der Philia, von der ich schon gesprochen habe: der Freundschaftsliebe, die auf absoluter Ebenbürtigkeit und Gleichheit beruht, es darf in ihr kein Machtgefälle bestehen.

Im Buddhismus heißt es, wir seien unzerstörbar: »Aus der Zerstörung des Ich wächst die Erfahrung von der Unzerstörbarkeit des Selbst«. – Wäre das eine Chance?

Das Selbst ist unzerstörbar, weil das Selbst alles ist: Es erscheint in den bereits erwähnten zwei Ausformungen – als individuelles Selbst und als kosmisches Selbst.

Religiosität ist also keine Sonntagserfahrung, keine Ausnahmefeierlichkeit, die mit den banalen Alltäglichkeiten nichts zu tun hat: Genauso, wie im Zusammenhang mit der Nächstenliebe deutlich wurde, gehören sakraler und profaner Lebensbereich zusammen. Religiosität lebt alltäglich, sie ist die tiefe Erfahrung einer naturhaft gegebenen Verbindung, die mich motiviert, mit dem anderen in Resonanz zu treten und mich mit ihm zu verbinden, und wenn es nötig ist, auch für den anderen etwas zu tun; wobei Etwas-für-den-anderen-Tun nur dann stimmig ist, wenn der andere tatsächlich Hilfe braucht. Denn sobald ich anfange, dem anderen etwas abzunehmen, das er selber tun könnte, stellt sich wieder ein Machtgefälle ein, und ich infantilisiere ihn. Das kann in der Nächstenliebe leicht geschehen.

Das, was so selbstverständlich ist und naturhaft in uns steckt, macht zu schaffen. – Wieso?

Diese Unmittelbarkeit des Kontaktes mit sich selbst und der Welt ist eine Erfahrung von ständigem Fluss und ständiger Vergänglichkeit. Wir aber haben die Tendenz, den Fluss festzuhalten und die Vergänglichkeit zu verdrängen. Wir versuchen also immer wieder das Unmögliche, nämlich das ständig Strömende, Sich-Verändernde zu bremsen und festzuhalten. Dann entfernen wir uns von der Wirklichkeit und verharren in einem Beobachtungsabstand. Und genauso die Religionen: Auch sie haben die Tendenz zu sklerosieren. Sie, die in den

Anfängen etwas Strömendes und Lebendiges verkörperten, fixieren sich auf Glaubenssätze und Dogmen. Es herrscht auch hier der gleiche Mechanismus vor: Es ist immer wieder die Thanatophobie, die Angst vor dem Sich-ins-Leben-hinein-Sterben: Sie macht es so schwer, das Allerselbstverständlichste und Allernatürlichste in uns zu leben.

Wir sind es gewohnt, schnell wirksame, effektive Rezepte zu ergreifen und umzusetzen. Man denke nur an die Ratgeberliteratur frei nach dem Motto »Schnelle Wege zum Erfolg«. Inwiefern kann uns Spiritualität von diesem Unfug befreien?

Richtig verstandene Spiritualität kann uns von dem gesellschaftlichen Druck freier machen, denn sie verbindet uns mit dem uns Tiefsten und Eigensten, also mit einer Seelentiefe, die weit über das hinausgeht, was von außen her auf uns zukommt. Sie erfüllt uns mit einer solchen Energie, dass die Energie, die von außen her als Druck auf uns gerichtet ist, sehr viel geringer ist und deshalb auch sehr viel weniger Einflussmöglichkeiten auf uns hat. Wir werden also mutiger, unmittelbarer, freier; wir kommen in die Lage, uns nicht äußeren Rezepten und Werbesprüchen zu beugen, sondern in Sexualität und Partnerschaft beispielsweise uns unmittelbar nach dem zu richten, was sich in uns als Einzelne oder als Paar gerade jetzt meldet. Wir sind durch die Erfahrung energiegeladener Unmittelbarkeit eher imstande, dem zu folgen, was ich »Energiesignale« nenne: das, was jetzt in uns ins Leben drängt.

Ich glaube, dass richtig verstandene Spiritualität die Basis für Entwicklung und Wachstum bedeutet, alles andere sind Rezepte, wie man etwas zu machen hat – wie man im Sex, in der Partnerschaft, im Beruf erfolgreich wird. Dabei wird der Einzelne instrumentalisiert; wir machen deshalb als Einzelne und auch als Gesellschaft keine Fortschritte. Lebensimpulse können, in welchem Bereich auch immer, nur von Menschen kommen, die in einem unmittelbaren Kontakt mit sich und der Welt stehen.

Ein Mensch, der spirituell verwurzelt ist, hat auch mehr Freiheit, eine Partnerschaft so zu gestalten. Es gibt einen Satz von Wolfgang Schmidbauer, der sehr pointiert und humoristisch ist: »Die Nebenbeziehung hat mehrere Ehen überstanden.« – Er macht etwas Wesentliches deutlich, dass nämlich verschiedenste Formen von Paarbeziehung existieren. Und diese verschiedensten Möglichkeiten zu entdecken, setzt voraus, dass sich die betroffenen Menschen in einem direkten, unmittelbaren Kontakt mit ihrer eigenen Lebendigkeit befinden.

Wenn allerdings jemand es nicht zulassen kann, dass eine sprudelnde, beglückende Nebenbeziehung zur Hauptbeziehung wird, dann ist das doch kein wahrhaftiger, unmittelbar lebender Mensch?!

Klar, aber was ich mit Schmidbauers Satz ausdrücken wollte, ist lediglich, dass ein Mensch, der in unmittelbarem Kontakt mit sich selbst steht, auch zu unkonventionellen Beziehungen zusammen mit seiner Partnerschaft in der Lage ist. Natürlich bezieht sich Schmidbauer in diesem Satz wohl eher auf die Tatsache, dass sich eine konventionelle Ehe, die auf einer Art Wirtschaftgemeinschaft beruht, tot läuft und geschieden wird; und trotzdem wird sie noch und noch einmal unter denselben Voraussetzungen mit anderen Menschen eingegangen. Und die einzige lebendige Beziehung bleibt eine »Nebenbeziehung«: Das liest sich wie eine ironische Relativierung, die Schmidbauer hier formuliert; denn eigentlich geht es dann, in unserem Sinne, nicht mehr um eine Nebenbeziehung.

Sie bringen Spiritualität mit Unmittelbarkeit zusammen. Vergegenwärtigt man sich jedoch die boomende esoterische Welle, so würde man Spiritualität in deren Verständnis in die Nähe von Feng-Shui-Hotels ansiedeln. Spiritualität wird da mit etwas assoziiert, das von außen an uns herangetragen wird, das dann auch noch recht kostspielig ist ...

Ja, und sie steht damit im Dienste einer kapitalistischen Gesellschaft. Die Tatsache, dass Feng Shui so boomt, zeigt, dass Menschen merken, dass etwas fehlt. Ich würde nicht einmal sagen, dass das nur eine Erfahrung ist, die von außen kommt, oder dass man nur außen sucht, was innen fehlt: Ich glaube schon, dass bei jemandem, der nach Feng-Shui-Regeln lebt, ohne zwanghaft zu sein, mit den äußeren Veränderungen gleichzeitig auch innere Veränderungen geschehen können. Aber das im Außen-Suchen zeigt häufig, dass es an etwas Innerem fehlt: Es fehlt dann die Erfahrung von Unmittelbarkeit, von Spürbewusstsein für die eigene Lebendigkeit, für die Orte, wo sie jetzt gerade fließt. Menschen suchen dann Kraftorte im Außen: Das kann sinnvoll sein; muss aber gleichzeitig verbunden mit dem Gewahrsein in sich selbst sein.

Wenn ich eine Kirche besuche, stelle ich mich öfter direkt unter die Kuppel und setze mich da in vertikale Verbindung, wie das vom Raum her gegeben ist, und spüre dann einen Energiefluss von unten nach oben: so etwas wie ein blütenhaftes Sich-Öffnen nach oben, wie etwas einfließt und in einen Energiefluss gerät. Ich lasse es aber dann nicht bei dieser Energie-Erfahrung; ich achte auch darauf, welche Bilder und Fantasien in mir hochkommen, welche Signale in mir selbst wach werden in Bezug auf das, was ich im Alltäglichen lebe. Wichtig ist, diese Aspekte miteinander zu verbinden, sonst ist das Verweilen an einem Kraftort nichts als passiver Konsum. Und das wiederum entspricht dem Zeitgeist, dass viele Menschen meinen, etwas passiv konsumieren zu können, das eigentlich nur in einem Resonanzkontakt mit dem Innersten auch wirklich fruchtbar werden kann. Auf diese Weise kommt eine Einbahnstraße der Energie zustande, aber kein Verkehrsnetz.

Wenn man zum Beispiel die Werbesprüche zu Wellness liest – »Lassen Sie die Energie in sich fließen!« –, ist es ähnlich. Wunderbar, all das geschehen zu lassen, aber es reicht nicht: Darüber hinaus brauchen wir ein aktives Sich-Einstimmen in das, was sich ereignet.

Wenn wir jetzt den Kreis in seiner Verbindung mit dem Mittelpunkt als spirituelles Symbol betrachten – das Symbol des Rades im Buddhismus habe ich ja schon kurz erwähnt –, so stellen wir genau dasselbe fest: Zur Ganzheit gehören beide – in Verbindung: sowohl der Kreis als das Ganze, in dem wir geborgen sind, in dem wir ozeanische Gefühle passiv erleben, als auch der Mittelpunkt als das Auf-den-Punkt-Kommen: Worauf kommt es jetzt an, was steht jetzt an, welches ist der nächste aktive Lebensschritt, was spüren wir an unserer Lebensfront, in welche Richtung zeigt die Spitze meiner Energiebewegung? Und genau in diesem Sinne lässt sich auch das Yin-und-Yang-Symbol im Taoismus auslegen.

Esoterik scheint so geheimnisvoll zu sein und so vieles einzubeziehen, was der rational orientierte Mensch oft nicht sieht. Und doch ist sie oft einer Bewusstseinspsychologie verblüffend ähnlich: Sie achtet nämlich genauso wenig oder nicht genügend auf Signale aus dem Unbewussten. Man beschäftigt sich dann mit geheimnisvollen Dingen – Steinen, Pendeln, Pyramiden, Halbedelsteinen, Karten. Alles schön und gut, jedoch bleibt immer wichtig, dass wir in eine aktive Resonanz mit alledem treten, dass wir die Verantwortung nicht abgeben, sondern das Gespür für uns selbst soweit entwickeln, dass wir selbst den Punkt finden, auf den es jetzt in unserem Leben ankommt.

Wo könnten wir in unserer Tradition ansetzen, um die tanzenden, lebendigen Götter wieder zu entdecken?

Es gibt eine Methode, die vom Psychodrama her kommt, die nennt sich Bibliodrama: Sie versucht, von den Gestalten der Bibel in einer sehr freien Weise auszugehen und in ein lebendiges Spiel hineinzukommen, z. B. so, dass dann Judas oder Maria Magdalena hier zu Wort kommen, ohne dass Judas als Verräter und Maria Magdalena als Prostituierte entwertet werden. Das, was auch das Christentum steril machen kann, sind die starren Trennungen zwischen Gut und Böse, wie das heute in den Fundamentalismen hüben und drüber verbreitet ist. Im Bibliodrama versucht man, das aufzuheben und das Lebendige in der Gestalt des Judas, die erotische Kraft einer Maria Magdalena wieder wachzurufen. Das hat im weitesten Sinne auch etwas mit Psychotherapie zu tun.

In diesem Zusammenhang kommen dann auch alte Traditionen hoch, zum Beispiel, dass beim Abendmahl getanzt wird, dass man eine Feier veranstaltet, die nicht einfach nur stumm und still ist, gesammelt und ernst, sondern wo sich lebendiger ekstatischer Tanz und fröhliches Zusammensein ereignen – Aspekte, die im Christentum verloren gegangen sind. Es hat ja im Mittelalter auch solche Zeiten gegeben, wo zu Ostern in der Kirche getanzt wurde, was dann später verboten war. Aber daran könnten wir auch anknüpfen, wobei ich mir da keine Illusionen mache. Ich glaube nicht, dass das von offizieller Seite in den Kirchen gefördert würde. Aber es gibt auch eine ganze Reihe von offenen Gemeinschaften, die nicht an die definierten Gemeinden gebunden sind, die versuchen, das im Kleinen zu praktizieren.

Jedoch wäre es ein Anachronismus, wenn versucht würde, einzig und allein christliche Ressourcen zu verlebendigen, das widerspräche der Tatsache einer allgemeinen Vernetzung in unserer Welt. Es ist für uns heute wesentlich, unsere Ursprungsreligion zu relativieren und uns allen anderen Religionen zu öffnen. Ein Bibliodrama kann dann zum Mythodrama werden, in dem auch verschiedene mythologische Figuren aus Indien und Griechenland vorkommen.

Ist das dann nicht so etwas wie eine Patchwork-Religiosität?

Impulse anderer Religionen sind notwendig. Doch diese Haltung wird oft von kirchlichen Autoritäten angegriffen. Sie sagen, das sei Synkretismus, ein Patchwork, wo man einfach einen Flickteppich aus Teilen zusammenknüpft, die im Grunde genommen nicht zusammengehören. Wir dürfen aber nicht vergessen, dass auch das Christentum selbst synkretistisch ist: So viele Ursprünge und Einflüsse haben sich im Christentum niederschlagen, nicht nur das Judentum, sondern auch die ganzen Mutterkulturen davor sowie der Mithras- und der Osiris- Kult usw.

Jede lebendige Religion ist synkretistisch. Und es ist eine Unterstellung kirchlicher Autoritäten, dass der Versuch, Religionen zusammenfließen zu lassen und miteinander in Resonanz zu bringen, etwas rein Äußerliches und Oberflächliches sei.

Inwiefern können wir religiös verankerte Methoden wie z. B. die Meditation integrieren, um unseren Alltag erotischer zu erfahren?

Gerade in der Meditation wird sehr deutlich, dass das Synkretistische ein innerer Vorgang ist: Der Mensch im innersten Kontakt mit sich selber merkt, dass er, auch wenn er durchaus mit den Wurzeln seiner eigenen Tradition verbunden ist, vieles von dem, was von anderen Religionen auf ihn zukommt, in sich aufnehmen kann, weil es ihm entspricht. Er kann es nicht einfach übernehmen, das nicht: Er kann nicht fremde Kultformen ohne weiteres integrieren oder sich darin völlig auflösen. Es braucht also eine gewisse Nüchternheit im Umgang mit fremden Kultformen, damit man den Kontakt zu sich selbst nicht verliert. Wir können nur das übernehmen, was uns anspricht und unserem Wesen entspricht: eine sehr kostbare Art, in Verbindung mit sich selber zu sein und gleichzeitig unsere eigene religiöse Tradition auf diese synkretistische Weise verantwortungsvoll weiterzuentwickeln.

Also: Es geht nicht darum, entwurzelte Menschen zu werden, die von außen her dieses oder jenes auffangen, die in keiner Beziehung mehr zu ihrer eigenen Geschichte stehen – weder zu ihrer eigenen Lebensgeschichte noch zu der ihrer Kultur. Es bleibt wesentlich, kulturell verwurzelt zu sein; aber wenn diese Verwurzelung da ist, kann der eigene Horizont durchaus erweitert werden.

Meditation führt auch zu einer Verlebendigung des Ganzen – in vielen Meditationsformen wird stark auf den Atem geachtet. Wenn du auf das Kommen und Gehen des Atems über eine längere Zeit achtest, es atmen lässt, so erfolgt dadurch eine leibliche Belebung des ganzen Menschen. Von der Sohle bis zum Scheitel, vom Scheitel bis zur Sohle spüren wir dann diesen Energiekreislauf und erleben auch sexuelle Aktivierung. Nicht etwas künstlich Auf- und Angereiztes, sondern etwas, das von innen heraus, aus der direkten Erfahrung mit der eigenen Lebendigkeit, erwächst.

Von der Kirche hält man vielfach nichts mehr. Inwiefern aber verlieren wir mit dem Glauben auch an Liebesfähigkeit?

Eine bestimmte Art des Glaubens hängt durchaus mit Liebe zusammen. Wir müssen aber zwischen einem solchen Glauben und dem, wie er oftmals von den Kirchen definiert wird, unterscheiden: Dieser Glaube hängt nämlich mit dem Fürwahr-Halten gewisser Dogmen zusammen und keineswegs mit Liebe. Vielmehr: Er verhindert Liebe, weil er auf Angst beruht, sich dem undogmatischen Fluss des Lebens auszusetzen. Deshalb braucht man dann Glaubensgebäude, eine feste Autorität – aus Angst vor dem, was da an Unsicherem und Unklaren von außen auf einen zukommen könnte. In Freikirchen ist dieses Sich-ängstlich-Einschließen in eine zwanghafte Religiosität noch verbreiteter als in den Großkirchen. Für eine solche Religiosität stimmt dann wirklich die Definition Freuds: Religion als universelle Zwangsneurose.

Aber Glaube hat noch eine weitere Bedeutungsmöglichkeit – die Bedeutung von Vertrauen. Im Lateinischen ist das Wort »fides« (Glaube) verwandt mit dem Wort »fiducia« (Vertrauen) – also Glaube verstanden als Vertrauen in etwas, das man nicht ganz verstehen kann. Jeder Mensch ist schließlich ein Geheimnis, das wir nicht rational total ergründen können. Wir können den anderen nicht dermaßen analysieren, dass wir sicher sind: Es kann uns mit ihm nichts mehr passieren! Das geht nicht.

Wenn wir Glauben als Vertrauen erleben, dann ist das eine liebevolle Verbindung, die uns im Eigenen durchaus stärken und stimulieren kann. Wenn wir jedoch Jesus allein so betrachten, wie es die Paulusbriefe nahe legen, als offenbarten Sohn Gottes – und es dabei nichts Weiteres über Gott zu sagen gibt, als das, was über Jesus gesagt wird: »ein für alle Mal« hat sich Gott in Jesus offenbart und es gibt keine weitere Offenbarung mehr –, dann hat das mit Vertrauen nichts zu tun, sondern mit Absicherung in einem Glaubensgebäude. Wenn wir aber Jesus als einen Menschen erspüren, der viel geliebt hat, der auch über Grenzen hinaus geliebt hat, der auch Menschen geliebt hat, die in der jüdischen Gesellschaft ausgeschlossen waren, der also so kompromisslos geliebt hat, dass er auch den

Tod auf sich nahm, wenn wir Jesus als eine solche Figur sehen, dann können wir mit ihm in Resonanz treten, dann merken wir, dass der Kontakt mit ihm Eigenes, Göttliches in uns beleben kann.

Es ist natürlich nicht einfach, das Neue Testament in all seinen Teilen stets so zu lesen, ständig von den Glaubensansprüchen zu abstrahieren, die an uns herangetragen werden, um in einen vertrauensvollen Kontakt mit Jesus treten zu können. Etwas einfacher wird es einem in den ältesten Evangelien gemacht, im Markus- und im Matthäus-Evangelium, wo noch nicht so viel von diesem dogmatischen Überbau vorhanden ist. Da können wir leichter in einen direkten menschlichen Kontakt zur Figur Jesus treten. Und so trägt dieses Vertrauen, das etwas Tragendes zwischen ihm und uns ist, dazu bei, dass sich in unserem Leben mehr Liebes-, mehr Resonanzfähigkeit einstellt.

Wir dürfen das Christentum nicht insgesamt verteufeln und es als rein dogmatische Angelegenheit beiseite schieben, sondern wir sollten diesen Resonanzkern in der Art, christlich zu sein, auch sehen.

Ich selbst verstehe mich als christlich nur in der Öffnung auf Lebensimpulse auch aus anderen Religionen hin. Ich gebe in dieser Hinsicht dem Christentum keinen Vorrang, es sei denn dadurch, dass ich christlich erzogen wurde, dass ich im christlichen Abendland groß geworden bin, dass ich christliche Theologie studiert habe ... Von daher ist die Resonanzfähigkeiten mit dem Christentum in mir schon sehr stark. Wenn ich jedoch realisiere, was mich in bestimmten Lebenssituationen in den letzten zwanzig Jahren besonders geprägt hat, so waren das meistens keine spezifisch christlichen Impulse. Da verdanke ich auch dem lebendigen Kontakt mit dem Buddhismus und Taoismus außerordentlich viel.

Der Mensch unterwegs zu sich selbst – eine religiöse Aufgabe, aber auch eine tiefenpsychologische. Welches ist der Zusammenhang?

In den verschiedenen Religionen wird das Unterwegs-zu-sich-selbst bereits in einer so dogmatischen Weise definiert, dass es eben dann nur im geringen Maße wirklich ein Unterwegs-zu-sich-selbst ist. Und im Innersten vieler wachen Menschen entsteht ein Konflikt zwischen dem, was sie selber auch noch als ein Unterwegs-zu-sich-selbst erleben, und dem, was ihnen beispielsweise vom Christentum her suggeriert wird. Dessen Menschenbild ist durchaus nicht erschöpfend – C. G. Jung hat sich damit sehr ausführlich beschäftigt. In diesem Zusammenhang haben ihn vor allem Strömungen in der Geschichte des Abendlandes interessiert, die gleichzeitig mit dem Christentum vorhanden, aber nicht identisch sind mit diesem, Strömungen, in denen Dimensionen des Menschen ausgedrückt werden, die das Christentum ausklammert, z. B. die Alchemie, in der auch das Weibliche eine große Rolle spielt, nicht nur die männliche Dreifaltigkeit, in der auch das Vierte, das Weibliche, mit einbezogen wird. Auch mit Astrologie hat er sich beschäftigt, nicht um Horoskope zu erstellen, sondern weil die Astrologie eine sehr umfassende Typenlehre und eine Lehre von energetischen Spannungsfeldern enthält. So hat ihn also gerade das besonders interessiert, was die Grenzen des Christentums sprengt und den tiefenpsychologischen Einsichten entspricht bzw. diese erweitert. Die Tiefenpsychologie im Sinne C. G. Jungs orientiert sich an Ressourcen, jedoch nicht in einer Weise, dass sie sich nur auf die vom Christentum her gegebenen, dogmatisch vorgegebenen Ressourcen bezieht, sondern darüber hinaus auch solche Ressourcen der Seele berücksichtigt, wie sie in Träumen, in Märchen und Mythen oder in der Astrologie und Alchemie zum Ausdruck kommen. Auch hier wird also Religion als ein Sich-Wiederverbinden verstanden, und zwar mit den Wirkfaktoren in der menschlichen Seele.

Was übrigens Freud betrifft, so gibt es auch bei ihm eine religiöse Grundhaltung, falls wir unter »religiös« eine bestimmte Einstellung verstehen, nämlich die der Wahrhaftigkeit. Religionen haben ja den Anspruch, wirklich wahr zu sein, und dieser fordert von ihren Anhängern eine Haltung der Wahrhaftigkeit – so auch Freuds Forderung an seine Patienten: Es ging ihm um eine umfassende Wahrhaftigkeit in Bezug auf deren Lebensgeschichte. Freud forderte immer wieder entsprechend der Methode der freien Assoziation seine Patienten auf: »Bitte sagen Sie mir alles, was Ihnen zu diesem Traumbild einfällt!« Das betonte er vor allem dann, wenn er spürte, dass eine gewisse Abwehr da war oder weil sexuelle Assoziationen den Patienten peinlich waren. – Die Haltung einer umfassenden Wahrhaftigkeit in Bezug auf die eigenen Prägungen, die eigene Lebensgeschichte – das ist meines Erachtens auch etwas sehr Religiöses.

Therapie

»Das Prinzip der analytischen Neutralität ist zur dynamischen Identitätsfindung durch die Berührung mit der ›Welt als Du‹ (Buber) ungeeignet. Die Suche nach Bewusstheit unter Ausschluss der Liebe wäre wie die Suche nach Wasser unter Ausschluss der Quelle. Denn Liebe als Öffnung des ganzen, fühlenden und denkenden Menschen ist Bewusstheit in ihrer Dynamik. Deshalb kann auch eine Analyse nur dank der gemeinsamen Gefühlsschwingung zwischen Klient und Analytiker zur Bewusstwerdung führen.«

»Es kommt weniger auf den Inhalt der Deutungen als auf die Energie an, die sich vom Therapeuten auf den Klienten überträgt …« (WU)

»Der wichtigste gesellschaftliche Beitrag der Tiefenpsychologie ist die Ermöglichung einer Kultur der Liebe …« (WU)

Inwiefern spielt das »Prinzip Liebe« im therapeutischen Verhältnis eine Rolle? Menschen suchen doch eher deshalb einen Therapeuten auf, um ihre Lebensgeschichte einer »neutralen Person« zu erzählen.

Die neutrale Haltung des Therapeuten war Freuds Forderung – und sie ist eine Illusion. Auch die Abstinenz, die damit verbunden ist, sich als Therapeut zurückzuhalten, einfach eine weiße Wand für Projektionen zu sein – ist eine Illusion. Der freudsche Therapeut sitzt hinter der Couch und hört sich an, was der Patient ihm erzählt. Es gibt also auch keinen Blickkontakt, aber selbst diese Regelung kann nicht verhindern, dass eine reale menschliche Beziehung zustande kommt. Vom ersten Moment an, da zwei Menschen sich begegnen, geschieht etwas, und zwar nicht nur im Sinne von Übertragung, sondern auch im Sinne von gegenseitiger Resonanz: Etwas klingt durch die Gegenwart des anderen in mir an; das hat sowohl mit dem anderen als auch mit mir zu tun.

Neutralität kann es in einer Begegnung, welcher Art sie auch immer sein mag, nicht geben. Das ist wirklich vom ersten Moment an so: Eine Beziehung, selbst eine analytische, ist so etwas wie ein Gefäß, in das sich zwei Menschen gemeinsam hineinbegeben. Und ein wirklich verantwortlicher Therapeut wird sich auch zunehmend klar darüber, dass er mit seinem Patienten in einem gemeinsamen Prozess der Wandlung steht – auch in dieser Hinsicht ist »Therapiepartner« statt »Patient« der passende Ausdruck. Jedoch darf der Therapeut nicht nur in diesem Gefäß, sondern gleichzeitig auch außerhalb des Gefäßes sein, damit wirkliche Resonanz möglich ist. Das habe ich bereits im Zusammenhang mit Beziehungen ganz allgemein ausgeführt: Jede spürbewusste Resonanz ist selektiv, d. h. ich bin auch autonom, ich bin auch noch jemand außerhalb dieser Beziehung. Ich lasse zwar möglichst viel in mir schwingen, was im Zusammenhang mit diesem anderen Menschen schwingen möchte, und ich bin mit ihm in einem gemeinsamen Gefäß. Aber es gibt noch Saiten meiner Persönlichkeit, die jetzt in der Begegnung mit diesem Menschen nicht zum Schwingen kommen. Also, ich bin zwar als ganzes Instrument, als ganzer Resonanzkörper da, nicht nur zur Hälfte oder zu einem Viertel meiner selbst, aber gewisse Aspekte schwingen nicht mit. Es ist wichtig, dass ich dieses als Therapeut auch spüre, dass ich in der gemeinsamen Schwingung bin mit dem, was im anderen und auch in uns beiden ins Leben drängt, aber dass ich auch die Saiten in mir wahrnehme, die mit dem anderen nicht zum Schwingen kommen.

Ähnlich verhält es sich in Paarbeziehungen ...

Ja, eben, nur ist die therapeutische Beziehung ein Sonderfall von Beziehung. Es unterscheiden sie zwei Gesichtspunkte von einer Partnerschaft. Erstens: Der Therapeut steht bewusst von allem Anfang an als Resonanzkörper zur Verfügung; die *gegenseitige bewusste* Resonanz stellt sich erst mit der Zeit, nach und nach im Verlauf einer Therapie ein; das spürbewusste Mitschwingen des Therapiepartners mit dem Therapeuten ist zwar anfänglich zum Teil auch schon da, aber es ist dem Therapiepartner vorerst noch nicht klar. Zweitens: In einer Paarbeziehung gibt es zwar Projektionen, aber es finden keine Übertragungen statt – von Übertragung spricht man nur in der Psychotherapie. Übertragung ist eigentlich ein Sonderfall von Projektion, aber sie wird deswegen »Übertragung« und nicht »Projektion« genannt, weil die Projektion therapeutisch genutzt wird. Mit anderen Worten: Übertragung ist etwas sehr Wertvolles, denn es werden frühe Bezugspersonen, Eltern, Geschwister, Lehrer usw. für den Therapiepartner wieder erlebbar; Altes, Verdrängtes, Abgewehrtes wird dank der Übertragung wieder präsent: Ich erlebe endlich mit dem Analytiker zusammen, was ich früher einmal mit meinem Vater erlebt habe. Gefühle, die damals da waren, die ich vielleicht völlig verdrängt habe, sind plötzlich wieder da. Durch das, was ich jetzt ganz konkret mit dem Analytiker erlebe, erinnere ich mich an vergessen geglaubte Erlebnisse. Und das ist das Heilsame daran: All das lebt wieder auf und wird an die Gesamtpersönlichkeit angeschlossen!

In Einzeltherapie findet viel mehr Übertragung statt als in Gruppentherapie. Die meisten Menschen gehen mit dem unbewussten Bedürfnis in Therapie, bisher verdrängte Erfahrungen aufleben zu lassen, um sie ins Leben zu integrieren. Wenn sie dann in einer Einzeltherapie einen einzelnen Menschen als Therapeuten vor sich haben, kann es sein, dass das, was sie in ihrer Kindheit erlebt und später verdrängt haben oder auch das, was in ihnen noch ungelebt ist, kaum zur Persönlichkeit ihres Therapeuten passt. Also braucht es die Übertragung, damit dieses »geheime Leben« überhaupt zum Vorschein kommen kann.

In einer Therapiegruppe hingegen ist es diesbezüglich viel leichter: Da kommen nämlich sehr viele unterschiedliche Menschen zusammen, und jeder Mensch stellt eine reale Facette, einen realen kleinen Spiegel von einzelnen Teilen des anderen dar. Es besteht also viel eher die Möglichkeit, in einer realistischen Weise mit solchen Anteilen der eigenen Persönlichkeit Resonanz zu erfahren, die noch entwickelt werden wollen. Da braucht der Patient gar nicht so viele Projektionen, weil er stattdessen verschiedenste, reale Menschen um sich hat, welche die eigenen Anteile spiegeln.

Das ist auch mit der Grund, weshalb in Einzeltherapien am Anfang mehr Übertragung und weniger Resonanz eine Rolle spielt. Aber jede Übertragung sollte schließlich auch in Resonanz münden.

Also ist die therapeutische Beziehung auch eine Resonanzbeziehung?!

Ja, sie ist zum Teil eine Übertragungsbeziehung und zum Teil eine Resonanzbeziehung: Da ist dann Liebe nicht mehr im Sinne von Übertragungsliebe da, sondern Liebe im Sinne einer tiefen Verbundenheit, einer tiefen Sympathie, eine Liebe, die eine ähnliche Intensität und Intimität hat wie die Liebe eines Kindes zu seinen Eltern, aber eben ohne das Gefälle zwischen den beiden. Zwischen zwei ebenbürtigen Menschen entsteht etwas sehr Kostbares, weil es der Entwicklung, dem Wachstum, dem Auflösen von Neurosen dient. In eine therapeutische Beziehung schwingt das Element der Philia, der Freundschaftsliebe, sehr stark mit hinein. Auch in ihr wird eine ganz klare, natürliche Grenze gegenüber der Sexualität gesetzt: Wenn diese nämlich ins Spiel käme, würde sie verhindern, dass die Entwicklung des Patienten im Vordergrund steht; dann stünde die Beziehung an sich im Vordergrund. Da würde man etwas ausleben, was mit frühen inzestuösen Erfahrungen zu tun hat. Und dies würde Resonanz verhindern.

Inwiefern kann Therapie den Menschen die heilsame Wirkung von Augenblicksbewegung nahe legen? Können das etwa nur ganz bestimmte therapeutische Richtungen?

Das Betonen des Hier und Jetzt kam ursprünglich aus der Gestalttherapie und ist mittlerweile ein Kennzeichen aller humanistischen Richtungen in der Psychotherapie geworden. Das ist mit der Einsicht verbunden, dass Erinnerungen oft enorme Verfälschungen beinhalten und dass es in einer Therapie nicht darum gehen kann, sich an Verfälschungen von Vergangenem zu orientieren, sondern dass es hilfreicher ist zu realisieren, wie jetzt, in diesem ganz konkreten Augenblick der Therapie, frühere Erlebnisse im Patienten gegenwärtig sind, unabhängig von der Frage, wie zutreffend und genau deren Erinnerungen sind. Die Frage ist also, was geschieht jetzt in der Gegenwart, ohne sich dabei stets auf vergangene Erfahrungen zu beziehen. Selbst freudsche Psychoanalytiker haben in den letzten Jahren viele Arbeiten veröffentlicht, die zeigen, wie wesentlich Augenblicksbewegungen sind. Sie sind wirklich die Voraussetzung dafür, dass Therapie eine heilsame Wirkung haben kann und dass sie auf den gesamten Alltag des Patienten ausstrahlt.

Dazu eine kleine Geschichte: Ein junger Mann, der vor langer Zeit in Zürich im gleichen Haus wohnte wie ich, war schon seit Jahren in einer freudschen Psychoanalyse und nur noch mit dem beschäftigt, was früher einmal, in seiner Kindheit, geschehen war. Seine Wahrnehmung der Umwelt war zu der Zeit völlig vernebelt. Und wenn man sich nach seinem Befinden erkundigte, fing er gleich an, von seiner Analyse zu erzählen und von seinen Kindheitsgeschichten. Er hatte überhaupt keine Verbindung mehr zur gegenwärtigen Außenrealität. Und das kann ja in einer Therapie nicht gemeint sein. Es ist demnach wesentlich, auch in einer Therapie, das im Hier-und-Jetzt-Sein zu fördern!

Es gibt zwei Arten von Therapie, die sich eben nicht aus der Augenblicksbewegung herleiten: Das ist zum einen die Ratgebertherapie, wo Ratschläge erteilt werden. Da tut man so, als bestünde gar keine reale Beziehung zwischen dem Ratgeber und dem Ratsuchenden, als wäre bloß einer da, der Bescheid weiß und der andere nicht. Solch eine »Therapie« hat keine tief greifenden Veränderungen im Ratsuchenden zur Folge. Zum anderen gibt es noch eine weitere Therapieform, die auch nichts Tiefgreifendes bewirkt, die rein analytisch-rational arbeitet, die also den Leib ausschließt. Da fällt die Unmittelbarkeit im Leiblichen weg. Aber ein anderes unmittelbares Erfahren als das Im-Leibe-Sein gibt es nicht. Die ganzen Emotionen, die angesprochen werden, müssen leiblich verwurzelt werden. – Das sind also zwei therapeutische Richtungen, die nicht aus dem Augenblick kommen, die nicht zur Resonanz führen und keine erotische Grundeinstellung fördern.

Inwiefern können auch Analytiker auf den Körper rekurrieren? Und inwiefern ist der therapeutische Prozess ein energetischer?

In der von mir entwickelten Leibpsychotherapie geht es darum, den **Energiesignalen** zu folgen – das ist ganz wesentlich. Jeder Ausdruck eines Menschen kann ein Energiesignal sein, falls er zwei Tendenzen in sich aufweist: eine Tendenz, die ins Leben hineinführt, und eine andere, die im Dienste der bisherigen Abwehr steht. Das, was ins Leben drängt, diese Tendenz eines Energiesignals, ist sehr unauffällig, sehr klein – so, wie der weiße Punkt im schwarzen Feld oder der schwarze Punkt im weißen Feld im Yin-Yang-Symbol des Taoismus. Außerdem ist das Energiesignal im Ansatz ganzheitlich: Man merkt das zum Beispiel daran, dass die Sprache sich belebt, die Wortwahl lebendiger wird, der Energiepegel steigt, der ganze Körper in seiner Ausdrucksbewegung mit einbezogen ist. Ein Energiesignal hat meist beiläufigen Charakter. Wenn ich Weiterbildungen anbiete in Leibpsychotherapie, so ist das Schulen der Wahrnehmung dieser beiläufigen Signale zentral. Schließlich hat das Energiesignal symbolischen Charakter.

Aufschlussreich ist auch das Aufdecken von komplexhaften **Energiemustern**. Es ist spannend festzustellen, wie gewisse Muster der Energiebewegung bei einem bestimmten Menschen in alle Bereiche hineinspielen. Zum Beispiel: Ich breche in einer neuen Energiebewegung auf, dann kommt ein Punkt, wo ich verfrüht die Energiebewegung abbreche, meine Energie fließt zurück. Ich merke das, und es kommt wieder etwas Energie auf, aber weniger als vorher. Ich breche von neuem auf, aber es geschieht zu spät, ich habe etwas verpasst. – Gefangen in diesem Energiemuster gehe ich zum Beispiel in einer Begegnung vor: Ich sehe einen Menschen, er kommt mir nah, etwas in mir wird lebendig; meine Energiebewegung geht auf ihn hin und will sich verbinden, aber jetzt kommt der Angstfaktor dazu; ich bremse; ich breche ab; der Blick wird gläsern, während er vorher verbunden war; Energie fließt zurück; ich merke, was passiert ist, und ich merke auch die Sehnsucht, eigentlich in Kontakt zu bleiben; Energie gerät wieder in Bewegung, aber es ist schon zu spät, der andere hat meine Abwehr bemerkt und hat sich abgewandt; es findet keine Begegnung mehr statt. Das gleiche Muster ziehe ich dann auch im Beruf durch: Nehmen wir an, ich bin selbstständig; bekomme einen Auftrag und bin begeistert; Energie wird mobilisiert; dann kommt die Skepsis und die Angst; ich schreibe zurück, dass ich den Auftrag nicht annehmen kann; später merke ich, dass das doch interessant wäre; ich möchte die Absage rückgängig machen, aber es ist zu spät, ein anderer hat den Auftrag bekommen.

In meiner psychoenergetischen Arbeit habe ich die Erfahrung gemacht, dass das Aufdecken und die Analyse von solchen Energiemustern etwas außerordentlich Wirksames und sehr Befreiendes sein kann. Ich merke: Eigentlich bin ich überall, wo ich lebe, der gleiche Mensch; es spielen sich bei mir die gleichen Energiebewegungen ab. So verbinden sich Analyse und Psychoenergetik. Dann aber muss es natürlich weitergehen: Ich begebe mich spürbewusst an die Schwelle, wo Abwehr und Angst in mir hochkommen. Auf dieser Schwelle versuche ich nun, wach und spürbewusst auszuharren, bis sich die Angstabwehr auflöst und sich die Energiebewegung zur vollständigen Gestalt befreit. So wird das komplexhafte Energiemuster überwunden.

Wenn ich aber nun auf einen Menschen stoße, der genau die Wiederholung dieses Musters verhindert – also er wendet sich nicht ab, sondern bleibt in der Beziehung, dann wird mir womöglich mein eigenes Muster gar nicht bewusst ...

Das stimmt theoretisch, aber praktisch habe ich die Erfahrung gemacht, dass Menschen, die solche Energiemuster haben, unbewusst Partner wählen, die genau zu ihrem Energiemuster passen, damit sie das Muster selber überwinden werden können. Ein potenzieller Partner, der sich nicht abwendet, sondern bleibt, ist für den Menschen mit dem geschilderten Energiemuster erotisch wahrscheinlich nicht anziehend. – Wir merken gar nicht, wie sehr unsere Art, in der Welt zu sein, auf andere wirkt, wie sehr sie den anderen in seinem Verhalten bestimmt, wie viel wir machen, ohne es zu wissen, dass wir es machen.

Wenn er sich also nicht abwenden würde, wäre er als Partner der beste Therapeut ...

Ich finde es gar nicht so günstig, dass ein Partner eine solche Funktion übernimmt, denn dadurch wird ja wieder ein Gefälle geschaffen. Aber das kommt auch, wie gesagt, kaum vor. Häufiger ist, dass der Partner an parallelen Energiemustern leidet. – Wenn der eine als der Vollkommene aufträte und der andere als der Kleine, der sich noch entwickeln muss, dann wäre das gar nicht fruchtbar. Außerdem ist es in vielen Beziehungen ein Irrtum, wenn der eine meint, er könne dem anderen sagen, wo es langgeht, weil er viel weiter in seiner Entwicklung sei. Meist will er seinen eigenen Schatten nicht anschauen. In gewisser Hinsicht kann also der Partner wirklich nicht Therapeut sein: Er ist es nur indirekt, insofern er Auslöser für therapeutische Prozesse im anderen sein kann oder diesen motiviert, etwas zu ändern, weil ihm die Beziehung so viel bedeutet. Die Partnerschaft motiviert uns, an den eigenen Grenzen, auf die wir immer wieder stoßen, zu arbeiten, um sie überschreiten zu können.

Ein Sufi-Spruch lautet: »Du musst nichts oder das Ganze deines Lebens ändern.« Wie ist dieser Spruch therapeutisch zu verstehen? Es gibt ja vielleicht nur ein einziges Problem, mit dem der Klient zum Therapeuten kommt …

Wir haben schon darüber gesprochen, wie verbreitet solche Therapien sind, die bloß ein vereinzeltes Problem angehen. Und hoch im Kurs stehen auch die Kurzzeittherapien, wo man sich sagt: Wir haben eine bestimmte Zielsetzung, wir setzen einen Vertrag auf und bestimmen die bevorstehenden konkreten Schritte. Solche Therapieformen haben auch ihre Berechtigung. Es geht mir also nicht darum, sie zu entwerten, um andere Therapieformen auf ihre Kosten aufzuwerten. Sie bewirken etwas, was andere Therapieformen so nicht bewirken können, aber sie haben ihre Grenzen.

Wenn Menschen in Therapie kommen und sagen: »Mein Ziel ist es, dieses oder jenes Partnerschaftsproblem, diese oder jene Blockierung – eine Schreibblockade/Prüfungsblockade – zu beheben«, und wenn es sich dabei um eine ganzheitliche, energetisch orientierte Therapieform handelt so, wie ich sie vertrete, dann wird sehr bald klar, dass es gar nicht nur um dieses Problem geht, sondern um etwas sehr viel Tieferes, Umfassenderes: um etwas, das einen Gesamtzusammenhang des Problems mit der Persönlichkeit herstellt. Und dann verändert sich die anfängliche Zielsetzung. Und dass das geschieht, ist im Laufe einer zieloffenen Psychotherapie ganz normal.

In einer Verhaltenstherapie oder einer Kurzzeittherapie dagegen, die ein bestimmtes Ziel verfolgt, kommt man erst gar nicht an jenen Punkt, wo man merkt, dass die angesprochene

Störung nicht das eigentliche Problem ist, sondern dieses anderswo liegt. In einer ganzheitlich tiefenpsychologisch orientierten Therapie kommt es genau darauf an, größere Zusammenhänge herzustellen, um einen Wandel der Gesamtpersönlichkeit zu ermöglichen. Daher ist dieser therapeutische Ansatz sehr viel radikaler: Er ergreift den ganzen Menschen und bewirkt im Patienten eine Hingabe an die sich ankündigende Wandlung, an das, was gelebt werden will. Und ebenso wie Liebe ganzheitlich ist, ist auch die Therapie in diesem Sinne etwas, das den gesamten Menschen ergreift, mit Hingabe erfüllt und in die Wandlung treibt.

Was bedeutet, Erfolg zu haben in der Therapie?

Wenn therapeutischer Erfolg bedeutet, dass der Mensch wieder so funktioniert, wie vor seiner Krise, dann ist das eigentlich kein Erfolg, weil es kein Er-folgen ist: Es folgt dann nichts Neues. – Wenn der Schmerz einen Menschen so überflutet, dass er in seinem alten System so nicht mehr funktionieren kann, muss er etwas ändern. Das kann ihm auf zwei Wegen gelingen: Erstens, indem er mit mehr Autonomie und Spürbewusstsein und mit weniger Anpassung ins alte System zurückkehrt und dieses System durch sein eigenes neues Anderssein verändert; oder zweitens, indem er den Kontakt zum alten System völlig abbricht, da ihn der Schmerz, der durch dieses in sein Leben kam, nach wie vor zu überfluten droht. Dann ist es äußerst wichtig, dass er sich ein neues soziales Netz schafft, denn der Mensch ist ein Beziehungswesen; selbst ein mangelhaftes soziales Netz ist besser als gar keines. Es braucht also in diesem Fall eine klare Trennung vom bisherigen System – das kann die Ehe sein, der Beruf usw. Und nach einer gewissen Auszeit – einige Menschen gehen zum Beispiel ein, zwei Monate in eine Klinik, wo sie zur Ruhe kommen, andere gehen in ein Kloster oder auf Reisen – sind sie dann in der Lage, ein neues Leben zu beginnen.

Inwiefern gibt es heute einen Dialog zwischen den psychotherapeutischen Deutungsmodellen?

Es findet heute, Gott sei Dank, ein echter Dialog zwischen den verschiedenen therapeutischen Richtungen statt. Das zeigt sich auch darin, dass integrative Therapieformen gefragt sind.

Ich kenne verschiedene Verhaltenstherapeuten, die nicht einfach versuchen, den Menschen zu konditionieren, sondern die in der Therapie auch von Impulsen ausgehen, die vom Patienten kommen. Auch viele Körpertherapeuten, z. B. Bioenergetiker, beziehen in ihre Therapie zunehmend auch das Gespräch mit ein. Und umgekehrt: Viele jungsche Analytiker haben gleichzeitig Erfahrungen mit Körpertherapien gesammelt und wenden diese auch an. Also, es gibt dieses gegenseitige Sich-Beeinflussen und Bereichern allemal.

Mir liegt besonders am Herzen, dass ich es in meiner Arbeit schaffe, einen organischen ganzheitlichen Prozess in Gang zu setzen. Für mich ist es zweitrangig, woher ein Energiesignal kommt – ob ein bestimmtes Wort, das ich ausspreche, ein Energiesignal ist, oder ob es eine Veränderung der Körperhaltung ist, oder eine Gebärde oder ein Schmerz, den ich empfinde. Das ist mir eigentlich egal, denn der Mensch ist insgesamt ein Ausdruckswesen und ein Instrument mit sehr vielen Saiten und Tonarten: Das eine Mal wird diese Tonart angeschlagen, das andere Mal eine andere. Es ist aber immer die Tonart auf dem gleichen Instrument, im gleichen Ausdruckswesen. Und deswegen meine ich, ist das energetische Primat so wichtig, denn ein inhaltliches Primat gibt es nicht. Mit anderen Worten: Wo immer sich Energie meldet, dieser Spur folge ich!

Im Zusammenhang mit meiner Therapieform möchte ich

noch hervorheben, dass ich die Initiative immer dem Patienten überlasse, dass ich versuche, aktiv in Resonanz mit dem zu treten, was in ihm momentan am stärksten ins Leben drängt. Nur so kann ein sinnvoller organischer Prozess entstehen. Wenn ich verschiedene Methoden anwende, dann nur als passende Antwort auf ein Signal, das ich vom anderen her bekomme. Diese Art von Therapie ist wirklich integrativ und kein Nebeneinander von verschiedenen Therapieformen, die ich wie Mosaiksteinchen mehr oder weniger willkürlich zusammensetzen würde.

Marie-Luise von Franz schreibt im »Ewigen Jüngling«: »Man muss verwundet sein, um ein Heiler zu werden.« Viele studieren Psychologie, um ihre eigenen Wunden zu heilen oder vielleicht doch eher, um davon abzulenken?! Inwiefern haben Ihnen Ihre eigenen Verwundungen geholfen, andere besser zu verstehen?

Der verwundete Heiler ist eine archetypische Figur. Es gibt in der griechischen Mythologie die Figur des Chiron, der älteste griechische Wundarzt, ein Zentaur, halb Mensch, halb Pferd: Das Pferd verkörpert seine Instinktnatur, seine Vitalität, seine Erdhaftigkeit, etwas, was für einen Heiler auch sehr wesentlich ist; er ist unsterblich, leidet aber an einer seelischen Wunde – er wurde nämlich von seiner Mutter verstoßen, seine Mutter war eine Okeanide; sein Schüler war Herakles und eben dieser Schüler verwundete ihn; es ist typisch, dass der Schüler den Lehrer verwunden muss. Ein archetypisches Motiv, das zeigt, dass der Schüler, um eigene Wege gehen zu können, nicht anders kann, als den Lehrer zu verwunden. Herakles verwundet ihn mit einem Pfeil, der mit dem Blut der Hydra getränkt ist. Er fügt ihm eine Wunde zu, die nicht mehr heilbar ist.

Es geht also bei diesem Archetyp des verwundeten Heilers um eine tiefe Wunde, nicht nur um eine biografische Wunde, sondern um eine existenzielle Wunde: Sie hängt mit dem Bewusstsein eigener Verwundbarkeit, Gebrochenheit, Vergänglichkeit zusammen, einem Bewusstsein, das mit etwas sehr Tief-Menschlichem zu tun hat.

Chiron hat nur eine einzige Möglichkeit, wirklich sterben zu können, indem er stellvertretend Leid und Tod auf sich nimmt – ein Motiv, das wir auch bei Jesus finden. Er lässt sich an Stelle von Prometheus an den Felsen schmieden; diesen haben die Götter für seine Hybris bestraft, weil er das Feuer vom Himmel geholt hat. Prometheus wird befreit, und Chiron kann nun seinen Tod sterben, den er ersehnt hat, weil er so tief verwundet war.

Es kommt hier vieles zum Ausdruck, das zur Metapher vom verwundeten Heiler gehört: die Erfahrung einer eigenen Wunde, die zum Menschsein gehört, nämlich das Gespür für die eigene Vergänglichkeit, die eigene Begrenzung; eine Wunde, die dadurch geheilt werden kann, dass Chiron für einen anderen, für Promotheus, da ist usw. Natürlich sollte ein Therapeut nicht nur verwundet, sondern seiner eigenen Wunden auch spürbewusst sein, mit seiner Vergangenheit verbunden sein, um überhaupt mit anderen Menschen in Resonanz treten zu können. Wem niemals eine Wunde der Liebe geschlagen wurde, der wird auch nicht wirklich in Verbindung treten können mit einem, der daran leidet. Wobei auch das mit einer gewissen Einschränkung gesagt werden muss: Wir können unmöglich alle Leiden dieser Welt in unserer eigenen Lebensgeschichte erfahren haben. Sie sind ja potenziell auch so in uns drin, selbst wenn wir sie nicht erlebt haben, einfach weil wir Menschen sind.

Ein Irrtum ist zu meinen, dass, wenn man etwas studiert, lernt, weiß, dass dadurch eine Lebenswunde geheilt werden kann. Das ist nicht der Fall. Das reicht nicht, daran scheitern auch viele Psychologiestudenten. Sie sind dann enttäuscht und merken, das ist es nicht, es braucht darüber hinaus viel mehr: den eigenen Weg, den man gehen muss. Deshalb wird auch von vielen therapeutischen Schulen gefordert, dass Erfahrungswege beschritten werden – im Bereich der Tiefenpsychologie sind es die so genannten Lehranalysen. Und das ist wirklich die Voraussetzung, dass jemand aus dem Erleben der eigenen Verwundung heraus Heiler werden kann. Nur die Tatsache allein, verwundet zu sein, befähigt noch niemanden zum Heiler. Ein Beispiel: Gerade jetzt arbeite ich mit einem jungen Mann zusammen, der zu mir kam, weil er auch Therapeut werden möchte ... Und dann nach einem halben Jahr merkte er, dass es das nicht ist. Was er eigentlich will ist, seinen eigenen Weg finden und das heißt noch lange nicht, dass er Heiler sein kann. Oft ist der Berufswunsch, Heiler zu werden, ein Überspielen der eigenen Problematik: Statt mir selber zu helfen, will ich dem anderen helfen. Daher der Spruch: »Arzt heile dich selbst!« Dieser Imperativ ist in der Tat angebracht.

Der Archetyp des verwundeten Heilers meint die Fähigkeit, dank eigener Erfahrungen in Resonanz mit den Wunden anderer treten zu können. Und da meine ich, macht kein Therapeut eine Ausnahme. Auch ich nicht. Ich habe einiges erlebt, was Wunden hinterlassen hat. Vieles erwähne ich aber weder in diesem Gespräch noch in meinen Büchern, weil diese Wunden zu privat sind. Ich lege zwar einiges in meinen Büchern offen, aber nicht mein ganzes Leben: Auch für mich gilt, die Wahrung einer Intimsphäre – meines inneren Temenos. Was ich allerdings aus meinem Leben erzähle, tue ich im Blick auf meine potenziellen Dialogpartner, die Leserinnen und Leser, ich tue es also in einem gefühlsmäßigen Bezug und erhoffe, dass es Resonanz auslöst.

Während meiner Lehranalyse beispielsweise gab es für mich persönlich einen sehr wesentlichen Punkt: der Bezug zu meiner Mutter. Für den Säugling und das Kleinkind war sie voll und ganz da – zweifelsohne: Ich habe sehr viel Urvertrauen mit auf meinen Weg bekommen. Daran fehlt es mir nicht und dafür bin ich auch sehr dankbar. Das ist mir eine große Hilfe in der Zusammenarbeit mit Menschen, die zu wenig davon bekommen haben. Jedoch, als es in meiner Pubertät um Selbstständigkeit ging, also darum, eigene Wege zu gehen, da stieß ich bei ihr auf viel Kälte und Ablehnung. Das war ein wichtiges Thema in meiner eigenen Analyse und hat mir dann auch später sehr geholfen, mit Menschen in Resonanz zu treten, die wirklich ganz radikal eigene Wege gehen. Mit Außenseitern der Gesellschaft verbindet mich ein sehr starker Eros. Und hätte ich dieses Problem nicht bis zu einem gewissen Punkt in meinem eigenen Leben gelöst, wäre für mich Resonanz in meiner therapeutischen Arbeit nicht in dem Maße möglich. Wenn das Außenseitertum ein Komplex geblieben wäre und der Komplex sich nicht in eine Lebensbewegung hinein verflüssigt hätte, könnte ich auch in diesem Punkt nicht wirklich mit anderen in Resonanz treten.

Eine Hingabe, die Grenzen sprengt, ist auch eine Hingabe, die die Grenzen eigener Komplexhaftigkeit und Verwundung sprengt, eine Hingabe, die Verwundungen als einen Quell von Lebensenergie erlebt und sie in Kontakt mit anderen nutzbar macht, was sich in meinem Fall als Hingabe an andere Menschen sowohl in meinem Beruf als auch in privaten Beziehungen äußert.

Dr. Peter Schellenbaum
Institut für Leib-Psychotherapie,
Gruppentherapie, Weiter- und Ausbildung
Salita al Mött 5
CH – 6644 Orselina-Locarno

Bei Anfragen bitte adressierten Rückumschlag mit Schweizer Briefmarke oder internationalem Antwortschein beifügen.